Königs Erläuterungen und Materialien
Band 356

Erläuterungen zu

W0073308

Max Frisch

Stiller

von Daniel Rothenbühler

Über den Autor dieser Erläuterung:

Dr. phil. hist. Daniel Rothenbühler wurde 1951 in Porrentruy geboren. Er hat in Heidelberg und in Bern Germanistik und Romanistik studiert und 1992 in Bern mit einer Dissertation über *Der grüne Heinrich 1854/55* promoviert. Er publiziert regelmäßig über die deutschsprachige Literatur der Schweiz, vor allem in der französischsprachigen Jahreszeitschrift *Feuxcroisés*, deren Redaktionskomitee er angehört. Er unterrichtet seit 1991 Deutsch und Französisch am Gymnasium Köniz bei Bern und lebt mit seiner Frau und seiner Tochter in Lausanne.

Hinweis:
Die Rechtschreibung wurde der amtlichen Neuregelung angepasst.
Zitate von Max Frisch müssen auf Grund eines Einspruches in der alten Rechtschreibung beibehalten werden.

3. Auflage 2008
ISBN 978-3-8044-1813-4
© 2004 by C. Bange Verlag, 96142 Hollfeld
Alle Rechte vorbehalten!
Titelabbildung: Max Frisch
Druck und Weiterverarbeitung: Tiskárna Akcent, Vimperk

Vorwort

Schon kurz nach der Veröffentlichung von *Stiller* waren sich Literaturkritik und Lesepublikum einig, dass sie es hier mit einem literarhistorischen „Ereignis"[1] zu tun hatten. Der Autor wurde mit den großen Romanciers des 20. Jahrhunderts verglichen, mit „Robert Musil und Hermann Broch, und im Ausland James Joyce, Marcel Proust und William Faulkner."[2] Dieses hoch gegriffene Lob ist inzwischen durch die Literaturwissenschaft bestätigt worden. Mindestens zehn hauptsächliche Qualitäten machen den hohen Rang dieses Werks aus und lassen die eingehende Beschäftigung mit ihm auch für den Literaturunterricht interessant werden: der komplexe Aufbau, die vielstimmige Erzählweise, die geschmeidige Sprache, der unwiderstehliche Witz, der hohe Reflexionsgrad, die engagierte Zeitgenossenschaft, der Sinn für historische Zusammenhänge, die bunte Lebensfülle, der psychologische Feinsinn und die bis heute aktuell gebliebene Selbstsuche durch Selbstdarstellung. Einen „Jahrhundertroman" hat die Literaturkritikerin Andrea Köhler den Roman zum 90. Geburtstag des Autors genannt und auch angegeben, was Frisch dazu befähigte: „das Wagnis, die Positionen ganz in der Schwebe zu halten, die heterogenen Entwürfe, Bildnisse gegeneinander zu setzen, ohne den Kommentar, die richtige Lesart gleich mitzuliefern"[3]. Ebendies lässt jede Lektüre *Stillers* zur immer neuen Entdeckung werden und verleiht diesem Klassiker Dauerfrische.

---

1   W. Schmitz, Bd. 2, S. 443 (Robert Haerdter, *Die Gegenwart*, 1954)
2   Ebd., S. 464 (Helmut M. Braem, *Deutsche Rundschau*, 1955)
3   A. Köhler, S. 83

In den vorliegenden Erläuterungen liegt allen **Seitenverweisen auf** *Stiller* die folgende Ausgabe zu Grunde:
Max Frisch: *Stiller*. Roman. Suhrkamp: Frankfurt am Main, 1973 (= suhrkamp taschenbuch 105)

1. Max Frisch: Leben und Werk

1.1 Biografie

Zeit	Ort	Ereignis	Alter
15. 5. 1911	Zürich	**Geburt von Max Rudolf Frisch in Zürich (Hottingen)** als Sohn des Architekten und Liegenschaftsmaklers Franz Bruno Frisch (1871–1932) und dessen zweiter Ehefrau Karolina Bettina, geborene Wildermuth (1875–1966). Max wächst mit zwei älteren Geschwistern in ärmlichen Verhältnissen auf, da der Vater im 1. Weltkrieg sein Auskommen als Architekt verloren hat.	
1924–1930	Zürich	**Kantonales Realgymnasium Zürich.** Max ist theaterbegeistert und schreibt mehrere Stücke.	13–19
1927		Aufgrund der Lektüre des Stücks *Stahl* ermutigt Max Reinhard den Gymnasiasten, weitere Texte einzuschicken. Der Vater verhindert dies.	16
1931–1934	Zürich	**Studium der Germanistik, Kunstgeschichte, Romanis-**	20–23

Jahr	Ort	Ereignis	Alter
		tik. Vorlesungen bei Emil Ermatinger, Robert Faesi, Walter Muschg, Carl Gustav Jung und Heinrich Wölfflin. Freundschaft mit Emil Staiger.	
1931		Beginn von Beiträgen für die *Neue Zürcher Zeitung (NZZ)*.	20
1932		Tod des Vaters. Einschränkung des Universitätsbesuchs.	21
1932–1936		**Freier Journalist bei der NZZ und der *Zürcher Illustrierten*.**	**21–25**
1933	Prag, Budapest u. a.	Reisen nach Prag, Budapest, Dalmatien, Istanbul, Griechenland, Rom. Journalistische Reiseschilderungen.	22
1934		*Jürg Reinhart. Eine sommerliche Schicksalsfahrt.* Ein durch die Balkanreise inspirierter Roman.	23
1935	Deutschland	Reise nach Deutschland. Konfrontation mit dem NS-System.	24
1936–1940	**Zürich**	**Architekturstudium an der *Eidgenössischen Technischen Hochschule (ETH)* in Zürich.**	**25–29**
1937		*Antwort aus der Stille. Eine Erzählung aus den Bergen.*	26

Jahr	Ort	Ereignis	Alter
		Aufgrund ablehnender Reaktionen (v. a. Hermann Hesses) verbrennt Frisch alle bisherigen Manuskripte (darunter zwei Stückentwürfe und zwei Romane).	
1938	Zürich	Conrad-Ferdinand-Meyer-Preis der Stadt Zürich.	27
1939–1945		**Sporadischer Aktivdienst als Kanonier (650 Diensttage).**	**28–34**
1939–1940		*Blätter aus dem Brotsack. Tagebuch eines Kanoniers.*	28–29
1940		Erwerb des Architektur-Diploms während eines Diensturlaubs.	29
1941		Anstellung im Büro seines Professors William Dunkel. Zusammenarbeit mit der Studienkollegin Gertrude („Trudy") Anna Constanze von Meyenburg.	30
1942		1. Preis im Architektur-Wettbewerb für das städtische Freibad Letzigraben. Gründung eines eigenen Büros mit Hannes Trösch. Heirat mit Trudy von Meyenburg.	31

Jahr	Ort	Ereignis	Alter
1942–1954		**Doppelberuf als Architekt und Schriftsteller.** Der Architekt realisiert vier Bauwerke (zwei Einfamilienhäuser, ein Volksbad, ein Landhaus) und kommt bei sechs Wettbewerben unter die ersten zehn Ränge. Der Schriftsteller schreibt einen Roman, eine größere Erzählung, fünf Theaterstücke, vierhundert Seiten Tagebuch und Dutzende von Aufsätzen und Artikeln.	31–43
1945	Bern	Dramenpreis der Emil-Welti Stiftung Bern für *Santa Cruz*.	34
1946	Deutschland, Italien	Reisen nach Deutschland und Italien. Beginn des *Tagebuches 1946–1949*.	35
1947		Beginn der Freundschaft mit Friedrich Dürrenmatt (bis Mitte der Sechzigerjahre) anlässlich der Einführung zu dessen Bühnenerstling *Es steht geschrieben*. Begegnung mit Peter Suhrkamp, seinem Verleger ab 1950.	36
1947–1948		Persönliche Bekanntschaft und intensive Auseinandersetzung mit Bertolt Brecht.	36–37

Jahr	Ort	Ereignis	Alter
1948	Berlin, Prag, Warschau, Breslau	Reisen nach Berlin, Prag, Warschau. Teilnahme am Weltkongress der Intellektuellen für den Frieden in Breslau.	37
1949	Wien, Berlin	Reisen nach Wien und Berlin. Eröffnung des Letzibades.	38
1950	Frankfurt	*Tagebuch 1946–1949* erscheint im neu gegründeten Suhrkamp Verlag in Frankfurt.	39
1951		Misserfolg von *Graf Öderland* in der Theaterkritik. *Rockefeller Grant for Drama*.	40
1951–1952	Amerika	Einjähriger Aufenthalt in Amerika als Stipendiat der Rockefeller-Stiftung (New York, Chicago, San Francisco, Los Angeles, Mexiko). Arbeit an einem Romanprojekt, aus dem später *Stiller* hervorgeht.	40–41
1953		Arbeit an *Stiller*. Hörspiele *Herr Biedermann und die Brandstifter* und *Rip van Winkle* im Bayrischen Rundfunk. Beginn der öffentlichen Polemik um modernen Städtebau mit dem Vortrag *Cum grano salis*.	42
1954		Funkgespräch *Der Laie und die Architektur* (wird 1955 mit	43

Jahr	Ort	Ereignis	Alter
		dem Schleussner-Schueller-Preis ausgezeichnet).	
Frühling 1954	Genfer See	Fertigstellung des *Stiller*-Manuskripts am Genfer See (vgl. Glion im Roman).	
Oktober 1954		**Suhrkamp publiziert *Stiller*. Frisch wird freier Schriftsteller.** Trennung von Frau und drei Kindern, Auflösung des Architektur-Büros.	**43**
1955–1958	Männedorf	Wohnsitz in Männedorf bei Zürich. Zahlreiche Ehrungen im Anschluss an die starke Wirkung des Romans, mehrere längere Reisen.	44–47
1955		Wilhelm-Raabe-Preis, Schweizer Schiller-Preis. *achtung: die Schweiz!*, zusammen mit Lucius Burckhardt und Markus Kutter publiziert, wird zum meistgelesenen und meistdiskutierten Schweizer Buch der Fünfzigerjahre.	44
1956		Welti-Preis für das Drama, Fördergabe der Pro Helvetia.	45
1957	USA, Mexiko, Kuba	Reisen in die USA, nach Mexiko und nach Kuba. Charles-Veillon-Preis.	46

Jahr	Ort	Ereignis	Alter
1958	Griechenland, u. a. Zürich	Reise nach Griechenland und in arabische Länder. Georg-Büchner-Preis (als erster Schweizer), Literaturpreis der Stadt Zürich. Scheidung von Trudy Frisch-von Meyenburg.	47
1958–1965		**Beziehung mit Ingeborg Bachmann.**	**47–54**
1959	Uetikon	Wohnsitz in Uetikon.	48
1960–1965	Rom	Wohnsitz in Rom.	49–54
1964	Berlin	Berlin-Aufenthalt als Stipendiat der Ford-Foundation.	53
1965	Israel	Reise nach Israel. Man's Freedom-Prize der Stadt Jerusalem.	54
1965–1981	Berzona, Zürich	**Doppelwohnsitz: Berzona (Tessin) und Zürich.**	**54–70**
1966	UdSSR Polen u. a.	Reisen in die UdSSR, nach Polen, in die Tschechoslowakei.	55
1968	UdSSR	Reise in die UdSSR. Heirat mit Marianne Oellers.	57
1969	Japan	Reise nach Japan.	58
1970	USA	Reise in die USA. Gast Henry A. Kissingers im Weißen Haus.	59
1971	USA	USA-Aufenthalt: Gastvorlesungen in der Columbia-University New York.	60
1972	Berlin	Wohnung in Berlin.	61

Jahr	Ort	Ereignis	Alter
1974		Großer Schiller-Preis der Schweizerischen Schillerstiftung.	63
1975	China	Auf Einladung von Bundeskanzler Helmut Schmidt Teilnahme an dessen Staatsbesuch in der Volksrepublik China.	64
1976		Friedenspreis des Deutschen Buchhandels. Beginn der Herausgabe der *Gesammelten Werke in zeitlicher Folge.*	65
1979		Scheidung von Marianne Frisch-Oellers.	68
1981–1984	**New York**	**Wohnsitz in New York.**	**70–73**
1981	Zürich	Gründung des Max-Frisch-Archivs an der ETH Zürich.	70
1984–1991	**Zürich**	**Wohnsitz in Zürich, Stadelhofenstrasse 28.**	**73–80**
1986		Ehrungen zum 75. Geburtstag. Frisch stellt die Preissumme des Neustadt-Literaturpreises der University of Oklahoma für den Bau einer Schule in Nicaragua zur Verfügung und warnt an den Solothurner Literaturtagen vor dem Verlust der Werte der Aufklärung.	75

Jahr	Ort	Ereignis	Alter
1987	Moskau	Teilnahme mit Friedrich Dürrenmatt am von Michail Gorbatschow veranstalteten Forum für das Überleben der Menschheit in Moskau.	76
4. 4. 1991	**Zürich**	**Tod des beinahe 80-Jährigen in seiner Wohnung in Zürich.**	79

1.2 Zeitgeschichtlicher Hintergrund

1.2.1 Ende des 2. Weltkriegs, Anfang des Kalten Kriegs

Die Kriegswende 1942/43
Die Schlacht um Stalingrad (Nov. 1942–Feb. 1943) und der alliierte Feldzug in Nordafrika (Okt. 1942–Mai 1943) enden mit vernichtenden Niederlagen der Achsenmächte (Deutschland, Italien).
Die Schweiz gerät seitens der Alliierten unter Druck, weil sie sich nicht in deren Blockadesystem gegen die Achsenmächte einordnet.

> Das lange Kriegsende, die Zeit zwischen 1944 und 1946, ist für die Schweiz „ein Marsch durch eine politische und historische Wüste. Der Krieg begann für die Schweiz (...) eigentlich erst 1945."[4]

Die innenpolitische Wende
Im Lauf des Jahres 1942 setzt in der Schweiz eine Nachkriegsdebatte ein „in der Gewissheit, dass die Alliierten die Sieger sein werden."[5]
1943 werden die Sozialdemokraten im Nationalrat zur stärksten Fraktion und gelangen in den Bundesrat.
1944/45 verbucht die neu gegründete „Partei der Arbeit" (PdA, Nachfolgeorganisation der 1940 verbotenen KP) bei Lokal- und Regionalwahlen beachtliche Erfolge (Waadt 20%, Genf 36%, Stadt Zürich 15%).

---

4   H. U. Jost, S. 181.
5   G. Kreis, S. 139.

> Nun tritt in der gesamten Gesellschaft ein, was Frisch in seinem Kriegstagebuch *Blätter im Brotsack* schon 1939 vorausgeahnt hat: „Es kommt, sobald wir unser Feldgrau einmal ausziehen, die Stunde des allgemeinen Suchens und Fragens."[6]

Der Kalte Krieg

Der **Prager Umsturz im März 1948** führt zu einer neuen **Trendwende**:

- Im Namen der „Abwehr des Kommunismus" wird die „Geistige Landesverteidigung" reaktiviert.
- Die PdA wird isoliert und verliert innenpolitisch jedes Gewicht.

Nun tritt die Schweiz immer deutlicher **auf die Seite der Westmächte**:

- Im Juli 1951 unterstellt die Schweiz sich durch das Hotz-Linder-Agreement „faktisch den gegen die Oststaaten gerichteten Embargo-Bestimmungen des Coordinating Committee der USA."[7]
- Im Juli 1952 werden Wirtschafts- und Anerkennungsverhandlungen mit der DDR abgebrochen.
- Im August wird das „Washingtoner Abkommen" in Verträgen mit der BRD revidiert. Nach erneuten Abfindungsleistungen verzichten die Westmächte auf alle weiteren Ansprüche an die Schweiz.

---

6   Frisch, *GW* I, 1, S. 132.
7   Ebd., S. 199. Vgl. auch ebd., S. 204.

> „Die Polarisierung des Kalten Krieges mit dem entsprechenden Bedürfnis nach Verbrüderung im ‚Westen' und Abgrenzung gegen ‚Osten' ersparte der schweizerischen Gesellschaft eine kritische Sichtung der vergangenen Jahre."[8]

Das hat auch Folgen für Frisch:

> „Die Zürcher Uraufführung von *Graf Öderland* 1951 war sein ‚erster unbestreitbarer Misserfolg' (*Werkbericht zu Graf Öderland*); eine so offensichtliche Rebellion lehnte das einheimische Publikum ab, ein Publikum, das anfangs das Gefühl der Verunsicherung mit dem Autor geteilt hatte, nun aber zu den eigenen Geschäften zurückkehrte."[9]

Doch Frisch hält an den Impulsen fest, die er in der Phase zwischen 1943 bis 1948 empfangen hat.
Mehrere besondere Gegebenheiten veranlassen ihn zu einer Neuorientierung, die der neuen Trendwende des Kalten Kriegs standhält.

Als Architekt gewinnt er ein andere Verhältnis zur Realität.
„Als Architekt war er nicht länger nur distanzierter Beobachter und Schilderer. Er wurde zum tätigen Mit- und Umgestalter der sozialen Realität."[10]

---

8 G. Kreis, S. 142.
9 E. Pulver, S. 131.
10 U. Bircher, S. 237.

Als Theaterautor erhält er politisch und literarisch wesentliche Anregungen.

Von Kurt Hirschfeld, dem Dramaturgen des Schauspielhauses, im Frühling 1944 ans Theater gerufen, trifft Frisch auf eine Welt, die er trotz eifrigen Theaterbesuchs bisher völlig ignoriert, ja abgelehnt hat.[11] Nun erhält er weit reichende neue Anregungen.

Politisch

„Das Schauspielhaus war damals nicht nur ein Zentrum für Antifaschismus und moderne Dramaturgie, hier wurde auch heftig Kritik an einem Bürgertum geübt, dem die humanistische Tradition nicht mehr Verpflichtung, sondern nur noch Fassade war, um eigennützige Interessen zu verfolgen."[12]

Literarisch

„Hier traf er die Theaterelite der antifaschistischen Emigration (...). Durch das Schauspielhaus kam er auch in Kontakt mit dem Oprecht Verlag, dem Hausverlag vieler Emigranten, und er lernte das Neueste und Beste an moderner Dramatik kennen: Sartre, Camus, Williams, Giraudoux, Wilder, Brecht. Die beiden Letzteren, die er auch persönlich kennen lernte, wurden seine wichtigsten dramatischen Lehrmeister."[13]

---

11 Vgl. ebd., S. 63–66, 88/89, 130.
12 Ebd., S. 130.
13 Ebd., S. 129-130.

Auf Reisen gewinnt er Einsichten, die auf Veränderung zielen.

1946 macht er auf Einladung der US-Army eine Reise nach Deutschland und reflektiert grundlegender über die jüngste Vergangenheit und die nächste Zukunft.

Über die Deutschen

„Solange das Elend sie beherrscht, wie sollen sie zur Erkenntnis jenes Elendes kommen, das ihr Volk über die halbe Welt gebracht hat? Ohne diese Erkenntnis jedoch (...) wird sich ihre Denkart nie verwandeln; sie werden nie ein Volk unter Völkern." [14]

Über die Schweizer

„Vielleicht liegt darin das eigentliche Geschenk, das den Verschonten zugefallen ist, und ihre eigentliche Aufgabe. Sie hätten die selten gewordene Freiheit, gerecht zu bleiben. (...) Es ist die einzig mögliche Würde, womit wir im Kreise leidender Völker bestehen können – " [15]

1951 reist er mit seiner Frau nach Spanien und ist beeindruckt von den klaren Konturen sowohl der Landschaft wie der arabischen Architektur.

„Frisch war beeindruckt von der Kargheit der spanischen Landschaft, von der Härte des Lichts und der spanischen Mentalität mit ihrer Vorliebe für das Unbedingte, das Entweder-oder. Wie anders war doch diese Haltung, verglichen mit der in seiner Heimat vorherrschenden Neigung zum Sowohl-als-auch." [16]

---

14   Frisch, *Tagebuch 1946–1949*, S. 41.
15   Ebd., S. 133.
16   U. Bircher, S. 220.

1951/52 verbringt er ein Jahr als Stipendiat der Rockefeller-Stiftung in den USA und Mexiko und wird zu neuen städtebaulichen Überlegungen angeregt.

> *„Begeistert von der ‚herb-männlichen' (...) Architektur des neuen Kontinents, fand er in der Schweiz nur ‚Kaninchenfarmen für den Mittelstand', das heißt eine biedere, unendlich geistlose, halbbatzige Architektur, die alles Radikale, Grosse, Monumentale, jedes Wagnis verachte. (...) Frisch vermisste in seinem Land (...) jede Vision einer Zukunft."*[17]

1.2.2 Frischs Sonderstellung in der Nachkriegsliteratur

In den zehn Jahren **zwischen 1944 und 1954 wächst Frisch aus der Schweizer Literatur heraus und in die deutsche Literatur hinein**, ist aber keiner der beiden zuzurechnen.

Schweizer Literatur	Frisch
Die „ungebrochene Kontinuität, das (fast) ungestörte Weiterleben der Tradition gehört zu den Besonderheiten der deutschschweizerischen Literatur nach 1945"[18].	„Ich würde sagen: auch wo das Neue jedenfalls minderen Wertes sein wird, ist es wichtiger, daß es geschaffen wird, wichtiger als die Bewahrung, deren Sinn damit nicht geleugnet wird."[19]
„Geschätzt wurde in der Literatur das Klassische, ‚Gediegene', die Verpflichtung	„Mindestens ließe sich denken, daß ein spätes Ge-

17 Ebd., S. 226.
18 E. Pulver, S. 144.
19 Frisch, *Tagebuch 1946–1949*, S. 169.

auf eine Humanität mit nationalem Einschlag."[20]

schlecht, wie wir es vermutlich sind, besonders der Skizze bedarf, damit es nicht in übernommenen Vollendungen, die keine eigene Geburt mehr bedeuten, erstarrt und erstirbt."[21]

Als sein Zürcher Verleger die Publikation des *Tagebuches 1946–1949* im Hinblick auf das **Unverständnis des Schweizer Publikums für die fragmentarisch offene Form** ablehnt, veröffentlicht Frisch seine Werke ab 1950 bei Peter Suhrkamp in Frankfurt.

„Die Anerkennung im Ausland (Höhepunkt 1958 die Auszeichnung mit dem Georg-Büchner-Preis) war für Frisch (...) der Umweg, um für das heimische Publikum wieder attraktiv zu werden."[22]

---

20   E. Pulver, S. 178.
21   Frisch, *Tagebuch 1946–1949*, S. 105/6.
22   Chr. Grimm, S. 131.

Deutsche Literatur

1945 erleben die deutschen Autoren die „Stunde Null" als die „Stunde äußersten physischen und ideologischen Elends, die Stunde der Unfähigkeit zu kritischem Denken, die Stunde der Anfälligkeit für die geringsten Tröstungen"[23].

„In Deutschland hatte der Faschismus die großen literarischen und künstlerischen Traditionen verschüttet und die modernen Strömungen abgeschnürt. (...) Im Nachkriegsdeutschland besaß die jüngere Generation keinerlei Kenntnis über die internationalen künstlerischen Trends und über den zeitgenössischen Standard."[24]

Frisch

„Wir können eine Nachbarlichkeit nicht erwarten, zu der wir nicht unsrerseits bereit sind, und zwar jetzt, wo sie eigentlich gegründet werden muß, nicht bloß angeknüpft an eine frühere, an Fäden, denen wir nicht mehr vertrauen können und die auch für uns endgültig zerrissen sind."[25]

„Frisch und Dürrenmatt schrieben ihre Werke mit der Kenntnis von Bertolt Brecht und Thornton Wilder. Sie kannten den neusten dramenästhetischen Standard der deutschen Exildramatiker Brecht, Kaiser, Horváth, Zuckmayer, Wolf, Bruckner ebenso wie den des modernen französischen und amerikanischen Dramas."[26]

---

23   H. Vormweg, *Keine Stunde Null* (1971), zit. nach E. Pulver, S. 164.
24   W. Mittenzwei, S. 408.
25   Frisch, *Stimmen eines anderen Deutschland?*, GW II, 1, S. 297–311, Zitat S. 311.
26   W. Mittenzwei, S. 409.

Frisch geht den deutschen Kollegen seiner Generation in zwei Hinsichten voraus:
- Er geht ab *Jetzt singen sie wieder* unmittelbar auf die europäische Gegenwart ein.
- Er knüpft dabei von vornherein am bis dahin erreichten Niveau der europäischen und amerikanischen Dramatik an.

Er steht den deutschen Kollegen in den Voraussetzungen seines Schreibens nahe
- durch die Einsicht, dass er als Schweizer „am Rande einer Folterkammer" wohnte: „wir hörten die Schreie, aber wir waren es nicht selber, die schrien; wir selber blieben ohne die Tiefe erlittenen Leidens, aber dem Leiden zu nahe, als daß wir hätten lachen können"[27];
- in der Schlussfolgerung, „daß alles, was einmal zum Wort wird, einer gewissen Leere anheimfällt"[28].

Er entwickelt als Erster den sich daraus für die Nachkriegsgeneration ergebenden **Mutmaßungsstil:**

> „Unser Anliegen, das eigentliche, läßt sich bestenfalls umschreiben, und das heißt ganz wörtlich: man schreibt darum herum."[29]

---

27 Frisch, *Tagebuch 1946–1949*, S. 133.
28 Ebd., S. 37.
29 Ebd.

1.3 Angaben und Erläuterungen zu wesentlichen Werken

Den Titeln geht bei Prosa jeweils die Jahresangabe der **Veröffentlichung**, bei Schauspielen diejenige der **Uraufführung** voraus.

Die Erläuterungen der Werke beschränken sich auf Angaben zu Ähnlichkeiten mit *Stiller* in Inhalten, Themen und Motiven.

1934   *Jürg Reinhart. Eine sommerliche Schicksalsfahrt.* Roman.
Ein Künstler leidet unter Minderwertigkeits- und Versagensängsten, fürchtet ein Leben in Wiederholungen und sucht die große männliche Tat.

1937   *Antwort aus der Stille. Eine Erzählung aus den Bergen.*
Ein Lehrer bewährt sich in der großen Tat einer Nordgratbesteigung, weil ihm alles besser erscheint „als ein Leben, das nicht gelebt ist".

1940   *Blätter aus dem Brotsack.*
Der Tagebuch-Schreiber schreibt oft „wir" statt „ich", kritisiert aber auch jene Schweizer, die den „Ruhestand des Geistes (...) gelegentlich schon mit Gesinnung" verwechseln.

1943   *J'adore ce qui me brûle oder Die Schwierigen.* Roman.
Fortsetzung von *Jürg Reinhart.* Motiv des Lebens in Wiederholungen. Der Protagonist hat biografische Gemeinsamkeiten mit Stiller, auch Eheproblematik.[30] Er verrichtet schließlich unter einer neuen Identität elementare Gartenarbeit (vgl. Stillers Töpfern).

---

30   Vgl. H. Naumann, S. 91–97.

1945 *Bin oder Die Reise nach Peking.* Erzählung.
Bin ist das mögliche Alter ego jedes Ichs, das von seiner Umgebung verkannt wird und immer wieder Auf- und Ausbrüche sucht. „Man müsste erzählen können, so wie man wirklich erlebt."

1945 *Nun singen sie wieder. Versuch eines Requiems.* Schauspiel.

1946 *Santa Cruz.* Schauspiel.
Das „Kreuz" ist es, im Leben auf das Immer-Wiederkehrende der eigenen Prägungen zu stoßen. Synchronie statt Chronik der Ereignisse.

1946 *Die Chinesische Mauer. Eine Farce.* Schauspiel.

1947 *Tagebuch mit Marion.*
Tagebuch der Jahre 1946–1947. (Geht später ins *Tagebuch 1946–1949* ein.) Ein Engel will den Puppenschnitzer Marion vor dessen Selbstmord zu sich selbst führen.

1949 *Als der Krieg zu Ende war.* Schauspiel.
Erlebnisse aus zweiter Hand. Liebe ergibt sich aus Sprachlosigkeit.

1950 *Tagebuch 1946–1949.*
Skizziert wesentliche Themen und Motive von *Stiller*: Bildnisverbot in Liebe und Kunst, Ich-Identität, Kunst und Gesellschaft, Architektur, Schweiz. Die *Schinz-Skizze* enthält die Grundfabel von *Stiller* (der Rückkehrer als ein Anderer).[31]

1951 *Graf Öderland. Moritat in zwölf Bildern.*
Die Sympathie eines Staatanwalts für einen Angeklagten. Ausbruch aus Ehe und bürgerlichen Verhältnissen.

---

31 Vgl. ebd., S. 97–105.

1953 *Don Juan oder Die Liebe zur Geometrie.* Komödie.
Frage der Selbstverfehlung und Selbstannahme ausgehend von Kierkegaards *Entweder-Oder.*

1953 *Herr Biedermann und die Brandstifter.* Hörspiel.
Der Protagonist hält bis zu Katastrophe an seiner Selbsttäuschung fest.

1953 *Rip van Winkle.* Hörspiel.
Der Bildhauer Anatol Wadel, verheiratet mit Julika, kehrt als Rip van Winkle aus Amerika zurück, wird verhaftet und muss – trotz Verständnisses des Staatsanwalts – vor Gericht die alte Identität wieder annehmen.[32]

1953 *Cum grano salis.* Vortrag.
Kritisiert den Mangel an Zukunftsvisionen und das „Vor-sich-hin-Dörfeln" der Schweizer Architektur im Vergleich mit der amerikanischen.

1954 **Stiller.** Roman.

1955 *Der Laie und die Architektur. Funkgespräch.*
achtung: die Schweiz. Ein Gespräch über unsere Lage und ein Vorschlag zur Tat. (Mitautoren: Lucius Burckhardt und Markus Kutter)
Hörspiel und Streitschrift sind Appelle an die Bürger („Laien"), Verantwortung zu übernehmen zu Gunsten einer zukunftsorientierten Städteplanung. „Städtebau ist Politik."

1957 *Homo faber. Ein Bericht.*
Durch seine eigenen Aufzeichnungen überführt sich der Protagonist unfreiwillig der Selbsttäuschung.

1958 *Biedermann und die Brandstifter. Ein Lehrstück ohne Lehre.* Schauspiel.

---

32 Vgl. ebd., S. 83–89.

1958 *Die große Wut des Philipp Hotz.* Schwank.
Der Protagonist, wild entschlossen, seine Ehefrau und seine bürgerliche Existenz zu verlassen, zeigt unfreiwillig seine Bindung an beide.

1961 *Andorra.* Stück in zwölf Bildern.
Vor Gericht leugnen die Bürger ihre Mitschuld am Tod eines angeblichen Juden (Bildnis), überführen sich aber selbst.

1964 *Mein Name sei Gantenbein.* Roman.
Der Protagonist probiert Identitäten und Geschichten „wie Kleider" an.

1966 *Zürich-Transit. Skizze eines Films.* Drehbuch.
Der Protagonist spielt unzählige Varianten seines Lebens durch und entscheidet sich dazu, als Totgeglaubter fortzuleben.

1967 *Biographie. Ein Spiel.* (Buchausgabe. Uraufführung 1968.)
Der Protagonist hat die Möglichkeit, sieben Jahre seines Lebens noch einmal neu zu gestalten, doch er wiederholt sich.

1971 *Wilhelm Tell für die Schule.* Essay.
Korrektur des Bildnisses, das sich die Schweizer anhand des Tell-Mythos von ihren Ursprüngen machen.

1972 *Tagebuch 1966–1971.*
Ich-Aufzeichnungen mit Varianten. Verbindung von Biografischem, Fiktionalem, Fragebögen.

1974 *Dienstbüchlein.* Essay.
Überprüfung der Bilder, die sich der Autor 1939/40 in *Blätter für den Brotsack* machte.

1975 *Montauk. Eine Erzählung.*
Der Autor versucht sich an das zu halten, was er tatsächlich lebt, und nicht mehr in Erfindungen auszuweichen.

1976 *Gesammelte Werke in zeitlicher Folge.*

1978   *Triptychon. Drei szenische Bilder.* (Buchausgabe. Urauf-
       führung 1981)
       Unter Toten gilt nur, „was wir leben".
1979   *Der Mensch erscheint im Holozän. Eine Erzählung.*
       Vergewisserung über die Dinge und sich selbst in der
       Isolation.
1982   *Blaubart. Eine Erzählung.*
       Befragungen vor Gericht und Selbstbefragungen erge-
       ben ein Bildnis, nicht die Person. Die Fragen nach
       Schuld bzw. Unschuld bleiben im Unsagbaren.
1989   *Schweiz ohne Armee? Ein Palaver.* (Aufgeführt unter
       dem Titel *Jonas und sein Veteran.*)
       Die Antwort auf die Titelfrage bleibt im Unsagbaren.
       Palaver in Wiederholungen.

Das **Gesamtwerk Frischs** zeigt, dass fast alle seine Schriften, die vor und nach *Stiller* erschienen sind, **wesentliche
Themen dieses Romans in Variationen** umkreisen:

– gelebtes Leben („Ich") gegenüber von außen gegebenen
  Rollen und Klischees („Bildnis");
– unvermeidbare Wiederholungen, in schon Erlebtem
  bzw. Gesagtem zu leben;
– Bewährung in Beziehungen (besonders zwischen Mann
  und Frau) oder in vermeintlichen „Taten";
– Ironie von Selbstverfehlung und Selbstüberführung;
– Erzählbarkeit bzw. Nicht-Erzählbarkeit des Lebens und
  „Gier nach Geschichten";
– das „Unsagbare", das sich nur umschreiben lässt.

Dem Roman *Stiller* sowohl formal wie in wesentlichen Motiven am nächsten steht aber zweifellos das ihm vorausgehen-
de und ihn prägende *Tagebuch 1946–1949*.

2. Textanalyse und -interpretation

2.1 Entstehung und Quellen

2.1.1 Entstehung

Während seines **Aufenthaltes in den USA und Mexiko** als Rockefeller-Stipendiat will Frisch 1951–1952 einen Roman mit dem Arbeitstitel *Was macht ihr mit der Liebe* schreiben.[33] Er schreibt mehrere hundert Seiten, stellt das Projekt dann wegen der Arbeit an *Don Juan oder Die Liebe zur Geometrie* zurück.

Anfang 1953 hat er die „*Stiller*-Idee (daß *er* diese Aufzeichnungen schreibt)"[34] und greift auf die 600 Seiten zurück, die in Amerika entstanden sind. Die **Fertigstellung des *Stiller*-Manuskripts** geschieht Anfang März bis Mitte April 1954 **am Genfer See**, in der Nähe von Glion, wohin Stiller sich zurückzieht.

Das volle **Nachwort des Staatsanwalts** schreibt Frisch in einer nochmaligen Klausur im Juni 1954 in Oberiberg (Schwyz). Die weitere Arbeit daran zieht sich in den August hinein.

Der berühmte erste Satz „Ich bin nicht Stiller" wird „erst in die Fahnenkorrektur eingefügt."[35]

---

33 Vgl. W. Schmitz, *Zur Entstehung von Max Frischs Roman „Stiller"*, S. 29.

34 M. Frisch im Gespräch mit W. Schmitz, zit. nach ebd., S. 30.

35 Ebd.

2.1.2 Quellen

▶ **Autobiografisches**

Eine der wichtigsten Quellen sind für Frisch die **eigenen Lebenserfahrungen**:

- Frischs Lebens- und Ehekrise ab 1949.
- Frischs Schwanken zwischen Selbstbezichtigung und Selbstverherrlichung[36] (Stiller) und seine „Erzähllust"[37] (White).
- Trudy Frisch-von Meyenburgs vornehme Art in Julika.[38]
- Frischs Architektur-Kritik an der Schweiz ab 1951 in Whites/Stillers und Sturzeneggers Äußerungen.[39]
- Frischs Reiseerfahrungen in Spanien, in den USA und in Mexiko in Whites Erzählungen.

▶ **Eigene Schriften**

Frisch greift immer wieder auf schon **früher Geschriebenes** zurück:

- Das *Rip van Winkle*-Motiv des Rückkehrers, der ein Anderer geworden ist, entdeckt er 1932[40] und greift es 1934 in *Kleine Erinnerung* auf.[41] Es stimmt in der *Schinz-Skizze* im *Tagebuch 1946–1949* in der Grundfabel mit *Stiller* überein.[42] Der Annahme hingegen, auch das Hörspiel *Rip van*

---

36 Vgl. U. Bircher, S. 26, 28.
37 Frisch zit. nach W. Schmitz, *Zur Entstehung von Max Frischs Roman „Stiller"*, S. 31.
38 Vgl. U. Bircher, S. 204.
39 Vgl. ebd., S. 204 und Th. Lengborn, S. 189–193.
40 Vgl. U. Bircher, S. 52.
41 Vgl. H. Naumann, S. 83.
42 Vgl. ebd., S. 97–105.

Winkle (1953) sei eine Vorstufe zu Stiller, hat Frisch wider-
sprochen. Er habe das Motiv umgekehrt aus dem werden-
den Roman gestohlen.[43]

– Aus dem Roman *J'adore ce qui me brûle oder Die Schwierigen* werden mehrere Motive[44] und einige Landschafts-
schilderungen im „Selbstzitat"[45] übernommen.

– Aus dem *Tagebuch 1946–1949* stammt neben der *Schinz-Skizze* vor allem das Motiv des Bildnisverbots in der Liebe.

– Mehrere Reiseberichte aus den USA und Mexiko und einer aus Spanien tauchen in Stiller wieder auf.[46]

– Der Vortrag *Cum grano salis* gibt fast wörtlich mehrere
Passagen der Kritik an der Schweizer Architektur bzw. an
der Schweiz seitens Sturzeneggers bzw. Whites/Stillers
vor.[47]

▶ **Andere Schriften**

Rip van Winkle
Auf das Motiv gestoßen ist Frisch wohl wie, White/Stiller,
durch ein Buch von Sven Hedin.[48] Ursprünglich handelt es
sich bei der *Rip van Winkle*-Geschichte aber um ein Kunst-
märchen von Washington Irving, der durch diese amerikani-
sche Umformung der Kyffhäusersage „zum Wegbereiter der
Erzählform der ‚Short Story'" wurde"[49].

---

43 Vgl. W. Schmitz, *Zur Entstehung von Max Frischs Roman „Stiller"*, S. 30.
44 Vgl. H. Naumann, S. 89–97.
45 W. Schmitz, *Zur Entstehung von Max Frischs Roman „Stiller"*, S. 32 und S. 33/4 in Anm. 7.
46 Vgl. ebd., S. 30 und S. 33 in Anm. 4: 1) *Amerikanisches Picknick*, 2) *Der Lord und die
    verzückten Neger*, 3) *Begegnung mit Negern*, 4) *Orchideen und Aasgeier*, 5) *Spanien – Im
    ersten Eindruck*.
47 Vgl. Th. Lengborn, S. 189–193.
48 Vgl. *Stiller*, S. 70.
49 H. Naumann, S. 84. Vgl. auch P. Gontrum, S. 158–160.

Das Bildnisverbot

Die Formulierung „Du sollst dir kein Bildnis machen" übernehmen das *Tagebuch 1946–1949* und *Stiller* aus Luthers Übersetzung des ersten bzw. zweiten der zehn Gebote[50] in 2. Mose 20, 4 und 5. Mose 5, 8. Die reformierte Zürcherbibel formuliert unmissverständlicher „Du sollst dir kein Gottesbild machen", da es der Bibel nicht um ein generelles Bilderverbot geht.[51] Frischs Deutung geht auf den Einfluss des Philosophen Ludwig Klages zurück.[52]

Die Kierkegaard-Mottos

Die beiden Mottos, die den ersten Teil des Romans einleiten, entstammen der Schrift des dänischen Philosophen Sören Kierkegaard: *Entweder-oder*, 2. Teil, *Das Gleichgewicht zwischen dem Aesthetischen und dem Ethischen in der Herausarbeitung der Persönlichkeit*.[53] Frisch hält sich an eine Übersetzung, die Stillers Situation am nächsten kommt, sich aber von Kierkegaards Formulierung der Selbstwahl am weitesten entfernt.[54]

Thomas Mann

Der Davos-Aufenthalt Julikas und deren zerbrechliche Person erinnern an Thomas Manns Roman *Zauberberg* und seine Novelle *Tristan*.[55]

---

50 Für die Katholiken und Luther gehört das Bildnisverbot ins erste, für die Reformierten ins zweite Gebot. Vgl. H. Naumann, S. 188 in Anm. 35.
51 Vgl. H. Naumann, S. 12.
52 Vgl. ebd., S. 49–61, bes. 60/61.
53 In der *Entweder-oder*-Übersetzung von Emmanuel Hirsch findet sich das erste Motto auf S. 231, das zweite auf S. 230.
54 Vgl. H. Naumann, S. 19.
55 Vgl. ebd., S. 62–66.

Albin Zollinger

Die Motive von Enge und Ausbruch sowie Gesellschaft und Künstlertum finden sich bei Albin Zollinger, den Frisch „wie kaum einen zweiten verehrte"[56]. Der Name des Verteidigers Bohnenblust spielt auf Zollingers letzten Roman *Bohnenblust oder Der Erzieher* an und dessen Frage, was ein richtiger Schweizer sei.[57]

Bertolt Brecht

Als wichtigsten unmittelbaren literarischen Einfluss bezeichnet Frisch später jenen Brechts. „Artig zur Schule gegangen bin ich erst bei Brecht, was mit der persönlichen Begegnung zu tun hatte."[58] Die intensive Auseinandersetzung mit Brecht 1947/48 und 1949 zeigt sich im Grundkonzept der Aufspaltung der Figur Stillers[59] und in bestimmten Mitteln der ironisierenden Verfremdung.[60] Frischs Bildnisverbot in der Liebe hingegen liest sich wie die Gegenposition zu Brechts Keunergeschichte *Wenn Herr K. einen Menschen liebte*.[61]

---

56 Zit. nach ebd., S. 66.
57 Vgl. ebd., S. 68–69.
58 Frisch, *Spuren meiner Nicht-Lektüre*, in: W, Schmitz, Bd. 2, S. 342.
59 Vgl. in Brecht, *Kleines Organon für das Theater*, das Frisch 1948 liest und in seinem Tagebuch reflektiert: „Denn die kleinste gesellschaftliche Einheit ist nicht der Mensch, sondern zwei Menschen." (B. Brecht: *Kleines Organon für das Theater*, S. 73).
60 Vgl. H. Naumann, S. 74–82, und weiter unten im Kapitel *2.3.3 Erzählsituation*.
61 Vgl. B. Brecht, *Geschichten vom Herrn Keuner*, S. 33.

2.2 Inhaltsangabe

2.2.1 *Erster Teil. Stillers Aufzeichnungen im Gefängnis*

Erstes Heft
Ein Zugpassagier mit amerikanischem Pass auf den Namen James Larkins White wird an der Schweizer Grenze festgenommen, nachdem jemand ihn als den verschollenen Schweizer Bildhauer Anatol Stiller identifiziert und er sich gegen die Ausweiskontrolle gewehrt und einen Zöllner geohrfeigt hat. In der Untersuchungshaft leugnet er, Stiller zu sein. Sein Verteidiger, Dr. Bohnenblust, gibt ihm ein leeres Heft, damit er sein Leben niederschreibt.

Die mit dem Satz „Ich bin nicht Stiller" einsetzenden Hefteintragungen lassen sich in vier Kategorien unterscheiden, die bruchlos ineinander übergehen:

1. White/Stiller beobachtet die un-
mittelbare Gegenwart, d. h. den

Stillers Alltag im Gefängnis

Gefängnisalltag, Wärter Knobel und Mitgefangene, verschiedene Besucher (neben dem Verteidiger Bohnenblust auch Staatsanwalt Rolf und Julika Stiller-Tschudy), Zürich und Davos anlässlich von Ausflügen zu Besichtigungen von Orten aus Stillers Leben. Diese Ausflüge erfolgen zunächst auf Anordnung Bohnenblusts, dann dank einer Kaution Julikas, die aus Paris zurückgekehrt ist.

White/Stiller schätzt seinen Wärter Knobel als Zuhörer, empfindet wenig Sympathien für den selbstgerechten Schweizer Bohnenblust, deutlich mehr für den Staatsanwalt Rolf und fast schon Liebe für Julika.

2. White/Stiller erzählt Knobel und seinen Besuchern Episoden aus seinem Leben, seine Reiseerlebnisse in den USA und Mexiko und Geschichten aus dem Leben anderer.

White/Stiller gibt eindrucksvolle Schilderungen der Wüste Mexikos, des Lebens der Indios, der Arbeit auf Tabakplantagen, eines Vulkanausbruchs, klagt sich mehrerer Morde an und erzählt verschiedene Geschichten zur parabelhaften Verdeutlichung seiner Situation: 1. die Geschichte des Apothekers Isidor, der Frau und Familie verlässt, bei seiner Rückkehr vergeblich auf seiner Veränderung beharrt und dann wieder weggeht; 2. die Geschichte des Kampfs mit der anhänglich-widerspenstigen Katze „Little Grey"; 3. das Märchen von Rip van Winkle, der nach 20-jährigem Zaubertraum nach Hause kommt und sich als Fremder in einer fremden Welt erlebt.

3. Von Knobel, seinen verschiedenen Besuchern und aus einem Brief seines Bruders erfährt White/Stiller einiges über das Leben Stillers und Julikas.

Stiller ist seit sechs Jahren verschollen, was mit einer Spionageaffäre zu tun haben könnte. Seine Frau Julika, eine Tänzerin, war vor seinem Verschwinden schwer krank und hielt sich in einem Sanatorium in Davos auf. Sie ist nun Tanzlehrerin in Paris. Stillers Bruder Wilfried ist Bauer. Seine Mutter ist gestorben, der Vater lebt im Altersheim.

4. White/Stiller reflektiert über die Schweiz, die Möglichkeit bzw. Unmöglichkeit, sein Leben niederzuschreiben, über das, was ein Leben ausmacht, und über den Selbstmord.

White/Stiller wundert sich über die Hyperkorrektheit der
Schweizer, ihre Selbstgerechtigkeit und ihre Geschichtslosig-
keit. Er zweifelt an der Möglichkeit, durch Aufzeichnungen
dem Leben gerecht zu werden, hat Angst vor der Wiederholung und deutet angesichts des Selbstmords eines jüdischen
Mithäftlings eigene Erfahrungen mit dem Thema an.

Zweites Heft

Der Verteidiger kann nach der Lektüre des ersten Heftes
nichts damit anfangen. Doch White/Stiller schreibt weiter.
Er wendet sich dem zu, was er von Julika über ihr Leben
mit Stiller erfährt und gibt ihre Sicht der Dinge wieder.
Beide lieben und heiraten sich, finden einander aber nicht,
weil sie durch ihre Ängste aneinander gebunden und
zugleich voneinander entfernt werden: Julika fürchtet prot-
zende Männlichkeit und schätzt Stiller als brüderlichen Gefährten. Stiller fürchtet, als Mann zu versagen und möchte
sich bei Julika bewähren. Die Zerbrechlichkeit und dann
Krankheit Julikas verstärken Stillers Gefühle von Unzuläng-
lichkeit und Schuld. Er flüchtet in den Alkohol und eine
Liebschaft, während Julika für eine
längere Kur in ein Davoser Sanatori-   Das Bildnisverbot
um muss. Ein junger Mitpatient, ein Jesuit, ist ihr zugetan
und spricht ihr unter anderem vom Bildnisverbot in der echten Liebe. Sie hält dies Stiller bei seinem letzten Besuch
entgegen. Er teilt ihr mit, dass seine Liebschaft zu einer gewissen Sibylle zu Ende sei, spricht von ihrem Hochmut und
seinem Versagen als Mann und verschwindet.

Drittes Heft

In einem Zeughaus der Schweizer Armee wird White/Stiller
ergebnislos mit der soldatischen Ausrüstung Stillers konfron-

tiert, träumt dann aber mehrmals von Schweizer Armee-Er-
lebnissen – als angeblicher Amerikaner! In der Geschichte
des Zweikampfs zweier Freunde in einer Grotte lässt White/
Stiller Knobel gegenüber erkennen, dass ein James Larkin
(Jim) White 1901 gestorben ist (S. 171), Stillers angeblicher
Name, James Larkins White (S. 155), also eine Nachbildung
sein könnte. Auch sein amerikanischer Pass stellt sich als Fäl-

Verrät sich als Schweizer

schung heraus. Die Spionage-Affäre
um einen gewissen Smyrnow, in die
Stiller verwickelt sein soll, klärt sich. Mit dem Staatsanwalt,
der mit einer Sibylle verheiratet war und zeitweise von ihr
getrennt lebte, versteht sich White/Stiller immer besser, sowohl über New York, über das Sibylle Ähnliches erzählt hat
wie White/Stiller, wie über Großzügigkeit in der Ehe. White/
Stiller erzählt von der Mulattin Florence und ihrem eifersüch-
tigen Mann Joe und verrät sich dabei ein erstes Mal als Stiller, indem er über „uns Europäer" (S. 191) spricht. Für seinen
Verteidiger verrät er sich als Schweizer auch durch seine
immer schärfer werdende Kritik an der Schweiz. Selbst Knobel glaubt nicht mehr an White und redet ihn mit Stiller an.

Viertes Heft
White/Stiller gibt wieder, was Rolf über seine Ehe mit Sibylle erzählt hat:
Als Rolf von ihrer Liebschaft zu einem anderen erfährt, kann
er seine Eifersuchtsgefühle nicht offen legen, macht eine lä-
cherliche Reise nach Genua und wirkt auch durch seine

Rolf und Sibylle

Überzeugung komisch, der junge Architekt Surzenegger sei der Geliebte
Sibylles. (Dass es Stiller war, erfährt er erst, als alles vorbei
ist.) Als Stiller sich von Sibylle trennt und Rolf unfähig ist,
seinen Stolz zu überwinden und auf ihre Eheprobleme einzu-

gehen, entflieht Sibylle auf Einladung Sturzeneggers in die USA, nicht als dessen Geliebte, sondern als Sekretärin. Während der Niederschrift dessen, was Rolf ihm erzählt, erfährt White/Stiller, dass Sibylle nach dem ersten Kind mit Rolf, Hannes, nun ein zweites geboren hat, ein Mädchen.

Fünftes Heft

White/Stiller wird mit Kunstkritikern Zürichs konfrontiert und von den Eltern eines jungen Pianisten besucht, für dessen Selbstmord eine Begegnung mit Stiller entscheidend gewesen sein soll. Auch der Architekt Sturzenegger besucht ihn, behandelt ihn selbstverständlich als den „alten" und ereifert sich über Fragen der Architektur. White/Stiller besucht Sibylle einen Nachmittag lang in der Geburtenabteilung. Sie spricht über ihre Vergangenheit mit Stiller. Er entwirft danach für sich das Bild Stillers als eines Menschen, der in seinem Minderwertigkeitsgefühl und Moralismus nicht bereit ist, sich selbst anzunehmen.

Begegnungen

Sechstes Heft

White/Stiller schreibt nieder, was er im Gespräch mit Sibylle über deren Liebschaft zu Stiller und ihre Trennung von Rolf erfahren hat. Er hält sich nun also an ihre Sichtweise: Ihr war Stiller als Gegenpol zu ihrem allzu selbstsicheren Mann wichtig. Bei ihrem ersten Beisammensein stellt Stiller sich als Versager dar, weil er im Spanischen Bürgerkrieg nicht auf Feinde schießen konnte. Als sie Rolf von ihrer Liebschaft erzählt, reagiert dieser mit irritierender Gefasstheit. Doch Stiller gleicht Rolf in der Hintanstellung der Beziehung gegenüber seinem Beruf. Er schlägt Sibylle vor, mit ihm nach Paris zu gehen, hat aber ein berufliches Mo-

Sibylles Verhältnis zu Ralf und Stiller

tiv. Von Stiller schwanger geworden, treibt sie heimlich ab. Sie trennt sich schließlich von beiden, Rolf und Stiller, weil beide unfähig sind, eine Beziehung einzugehen. In New York lebt sie einsam, aber selbstständig mit ihrem Sohn Hannes. Als Rolf auftaucht und sie vor die Entscheidung stellt, sich scheiden zu lassen oder zurückzukehren, entschließt sie sich in neu entdeckter Liebe zu ihm für Letzteres.

Siebentes Heft
Ein Besuch beim Zahnarzt zeigt, dass White/Stillers Gebiss mit dem letzten Röntgenbild von Stillers Gebiss übereinstimmt. Im Gespräch mit dem Staatsanwalt geht es um Selbstüberforderung und Selbstannahme von Männern. White/Stiller sehnt sich nach der in Paris weilenden Julika. Mit Stillers jüngerem Halbbruder geht er aufs Grab „der Mutter". Er bekommt immer mehr Besucher, will aber immer noch

Stillers Erinnerungen

nicht Stiller sein. Doch seine Erinnerungen an den Militärdienst, an Spanien, an Julika und an Sibylle können nur jene Stillers sein. Für sich selbst spricht er mit Julika sogar schon wie Stiller und sagt, sie könnten sich gar nicht trennen, weil sie sich noch nie geliebt hätten. Von allen Seiten, auch dem Staatsanwalt, von Julika und von Stillers Stiefvater gedrängt, sich als Stiller anzuerkennen, zertrümmert er sein Atelier und erklärt dann in einem Postskriptum, was er dem Staatsanwalt schon verklausuliert anvertraut hat: Seine Entschlossenheit, nicht mehr Stiller zu sein, entspringt einem misslungenen Selbstmordversuch und dem damit verbundenen Gefühl, vom vorausgegangenen Leben befreit zu sein. Gegen das Gerichtsurteil, wonach er als Stiller dessen Verpflichtungen zu tragen und mehrere Bußen zu bezahlen hat, legt er keine Berufung ein.

2.2.2 Zweiter Teil. Nachwort des Staatsanwaltes

Der Staatsanwalt veröffentlicht Stillers *Aufzeichnungen im Gefängnis*. Er erklärt das Fehlen von *Aufzeichnungen in der Freiheit* damit, dass Stillers Verstummen Teil seiner inneren Befreiung war, der Befreiung von der Sucht, überzeugen zu wollen.

Nun übernimmt der Staatsanwalt es, das Weitere zu berichten. Nachdem sich bezüglich der Smyrnow-Affäre alle Verdächtigungen gegen Stiller als haltlos erwiesen haben, wird er noch im Monat nach seiner Verurteilung freigelassen. Mit einer Aufmunterungsgabe der Stadt Zürich lassen sich Stiller und Julika am Genfer See nieder, zuerst in einem Hotel in Territet, dann in einem kleinen Chalet in Glion. Julika unterrichtet rhythmische Gymnastik, Stiller beginnt zu töpfern. Rolf besucht die beiden und ist von Julikas Kühle befremdet. Sie erzählt ihm, dass sie die ganze linke Lunge verlieren wird, hat es Stiller aber noch nicht gesagt. Sie muss sich gegen seine lieb gemeinten Erwartungen wehren. Rolf hat den Eindruck, Stiller habe sich zwar selbst angenommen, mache aber das Glück Julikas zum Prüfstein, um vor der Umwelt zu bestehen.

Stillers Leben nach seiner Freilassung

Im darauf folgenden Frühling, als Julika operiert worden ist, fahren Rolf und Sibylle nach Glion. In einem Nachtgespräch bei viel Wein beklagt sich Stiller über Julikas Unfähigkeit, seine Liebe zu erwidern und über ihre Entschlossenheit zu sterben. Rolf wirft ihm vor, er foltere sich und sie durch seine Hoffnung, sie durch seine Liebe zu verwandeln. Am andern Morgen schickt Stiller Rolf in die Klinik. Julika ist gestorben. Stiller nimmt die Nachricht mit der Gefasstheit eines Geistesabwesenden entgegen. Nach dem Begräbnis bleibt Stiller in Glion und lebt allein.

2.3 Aufbau

2.3.1 Textebenen

Die erste Textebene
besteht aus dem Titel des Romans, der Datierung 1953/54, der Widmung an Peter Suhrkamp und den Titeln der beiden Hauptteile des Romans.

Der Autor stellt *Stillers Aufzeichnungen im Gefängnis* und das *Nachwort des Staatsanwaltes* dadurch, dass er deren Verfasser beide in der dritten Person nennt, auf dieselbe Ebene.

Die zweite Textebene
besteht aus dem *Nachwort des Staatsanwaltes*.

Der Staatsanwalt stellt seinen Bericht durch **die einleitenden Ausführungen** (S. 387) auf eine andere Ebene als *Stillers Aufzeichnungen aus dem Gefängnis*:

- Er spricht davon, dass sie ihm vorliegen.
- Er kommentiert ihre Herausgabe (Genehmigung der Beteiligten, keine Kürzung oder Veränderung).
- Er erklärt das Fehlen von „Aufzeichnungen in der Freiheit."

Kommentar und Erklärung erwecken den Eindruck, als wäre der Staatsanwalt für **die Herausgabe der *Aufzeichnungen* Stillers** mitverantwortlich, und sprechen von diesem, als wäre er schon tot. Zum Staatsanwalt gelangen Stillers *Hefte*, als dieser sie ihm im Winter vor dem Tod Julikas in einem Paket zuschickt. (S. 410–411)

Die dritte Textebene

besteht aus *Stillers Aufzeichnungen im Gefängnis.*

Es enthält das zweiteilige Motto und sieben *Hefte* und bildet in siebenfacher Länge des *Nachworts* den Hauptteil des Romans.

Die **Mottos**, zwei Zitate aus Sören Kierkegaards *Entweder-oder*, werden den *Heften* im Nachhinein vorangestellt,

– entweder durch Stiller, bevor er sie dem Staatsanwalt schickte,
– oder durch Letzteren, bevor er sie zu Veröffentlichung freigab.

Fürs Erste spricht, dass Stiller versucht hat, am Telefon mit dem Staatsanwalt über Kierkegaard zu sprechen, nachdem dieser ihm einen Band des Philosophen – wahrscheinlich *Entweder-oder* – geschickt hatte (S. 394).

Fürs Zweite spricht eben diese Initiative des Staatsanwalts und dessen Angabe, Stiller habe „als einziges" zu den Heften geschrieben: „Hier meine Papiere!" (S. 411)

Die **sieben** *Hefte* stammen, wie der Untertitel sagt, aus der Zeit, die Stiller als White im Gefängnis verbrachte.

Die *Hefte* bestehen aus **Tagebuch-Einträgen**, wie sie sich von Tag zu Tag aus den Erlebnissen, Eindrücken und Gedanken eines Schreibenden ergeben.

2.3.2 Erzähleinheiten

Stillers Aufzeichnungen im Gefängnis
lassen sich nach der Anzahl der *Hefte*, jener der Seiten und jener der Einträge folgendermaßen untergliedern:

Heft	Umfang in Seiten	Anzahl der Eintragungen
I	77	39 mit 8 Postscripta
II	66	4
III	50	21 mit 5 Postscripta
IV	32	5
V	20	11
VI	63	9
VII	67	17 mit 5 Postscripta[62]

„Die Übersicht lässt einen Wechsel in der Art des Erzählens erkennen; den Heften I, III, V und VII, die im Durchschnitt aus kürzeren Eintragungen bestehen, stehen die Hefte II, IV, und VI gegenüber; sie erzählen in längeren Abschnitten. (...) Dieser zweiten Gruppe steht in der Erzählweise auch das *Nachwort des Staatsanwaltes* nahe, das in vier Abschnitten auf 54 Seiten erzählt."[63]

Die unterschiedliche Anzahl und Länge der Eintragungen der verschiedenen *Hefte* ergibt sich daraus, dass White/Stiller

– **in den Heften I, III, V und VII tagebuchartig** darüber berichtet, was er sieht und unternimmt, wem er begeg-

---

62 Vgl. H. Naumann, S. 107.
63 Ebd., S. 108.

2. Textanalyse und -interpretation

net, was er diesem erzählt, was er sich überlegt bzw. was er träumt und woran er sich erinnert

und

– **in den Heften II, IV und VI protokollartig** wiedergibt, was ihm von Julika, Rolf und Sibylle erzählt worden ist.

Das ergibt eine **Struktur der *Aufzeichnungen* und des *Nachworts***, die „neben dem Prinzip des Wechsels auch ein Streben nach Symmetrie"[64] erkennen lässt:

Heft I – – Heft III – – Heft V – – Heft VII[65] –

Heft II	Heft IV	Heft VI	„Heft VIII"[66]
(Julika)	(Rolf)	(Sibylle)	(*Nachwort des Staatsanwaltes*)

Das *Nachwort des Staatsanwaltes*

setzt die Reihe der Hefte II, IV und VI fort. Denn erstens gibt sein Autor ihm „– wie es einem Juristen gebührt – Protokollcharakter"[67] und zweitens stellt sich Stiller darin ebenso wenig selbst dar wie – formal gesehen – in den genannten drei Heften.[68] Das Nachwort führt also „die in ihnen begonnene Schilderung der Rolle ‚Stiller' zu Ende"[69].

---

64 Ebd., S. 124.
65 Ebd.
66 Als 8. Heft neben den sieben der *Aufzeichnungen Stillers* wird *Nachwort des Staatsanwaltes* von Karlheinz Braun behandelt. Vgl. K. Braun (3), S. 100–101.
67 Ebd., S. 100.
68 Vgl. H. Steinmetz, S. 106.
69 Ebd., S. 124.

2.3.3 Erzählsituation

In *Stillers Aufzeichnungen im Gefängnis*
spricht durchweg jenes Ich, das in seinem ersten Satz gleich
betont: „Ich bin nicht Stiller!" (S. 9)
Da seine Darlegungen schon als *Stillers Aufzeichnungen im Gefängnis* betitelt werden, bevor es noch das Wort ergreift, erscheint dieses Ich von vornherein gespalten in **das vorge-
spielte (= fingierte) Ich** Whites und **das verdeckte (=
latente) Ich** Stillers.

Fingiertes und latentes Ich · · · · Das **fingierte Ich Whites** vermag
der Aufforderung des Verteidigers, es
solle sein „Leben niederschreiben" (S. 9), nicht nachzukom-
men. Es kann sich nur als ein gegenwärtiges Ich zu doku-
mentieren, da es erst seit zwei Jahren, seit dem Selbstmordversuch Stillers, existiert.
Das **latente Ich Stillers** hätte zwar eine Lebensgeschichte,
kann als fingiertes Ich Whites über diese aber nur in der **Er-
Form** berichten. Es gibt vor, festzuhalten, was die anderen
Figuren (Julika, Rolf, Sibylle) über es als Objekt ihrer Wahr-
nehmungen erzählen, hebt sich also von diesem als einem
von außen bestimmten Bildnis ab.
Beides, die Einträge über das Leben in der Untersuchungshaft wie die protokollartige Wiedergabe der Berichte anderer über Stiller, wird durch **eine Perspektive des fremden
Blicks** geprägt, da White/Stille ja vorgibt, die Schweiz so
wenig gekannt zu haben wie die Vergangenheit Stillers.
Selbst seine Berichte über sein Leben in Amerika verfrem-
det er zum „Geflunker" (S. 49), indem er ihnen zu offen-
sichtlich seine „Sucht, überzeugen zu wollen" (S. 387) und
seinen Wunsch, Knobel zu gefallen, zu Grunde legt.

Dieses Bemühen um Verfremdung des Erzählens ebenso wie des Erzählten lässt sich auf eine Überlegung in Frischs *Tagebuch 1946–1949* über Brechts *Kleines Organon für das Theater* zurückführen.

Epische Verfremdung

– Frisch stellt dort vor, Brechts ‚Verfremdungseffekt' vom Theater aufs Erzählen zu übertragen, sodass die Illusion zerstört würde, „daß die erzählte Geschichte ‚wirklich' passiert sei".[70]

Wichtigstes Ergebnis dieser epischen Verfremdung ist die **Polyperspektive**, d. h. die Häufung der Perspektiven, in denen bestimmte Episoden erscheinen. So wird z. B. Stillers Liebschaft mit Sibylle von drei verschiedenen Personen erzählt: von Julika, von Rolf und von Sibylle. Jede der drei Sichtweisen wird zusätzlich perspektiviert, dadurch, dass sie uns nur über den ‚Protokollanten' White/Stiller zugänglich ist und wir aufgrund des Titels *Stillers Aufzeichnungen* schon wissen, dass der ‚Protokollant' selbst erlebt hat, was er als Geschichte eines andern ausgibt.

Im *Nachwort des Staatsanwaltes*

berichtet dieser über Stillers Leben nach seiner Verurteilung und schließlichen Freilassung aus dem Gefängnis.

In einem einleitenden Abschnitt spricht der Staatsanwalt in der **Wir-Form**. Er führt sich so als Vertreter der Behörden und des Freundeskreises um Stiller ein. Durch dieses „wir" und dadurch, dass er sich als Treuhänder (eventuell gar Herausgeber) von *Stillers Aufzeichnungen im Gefängnis* darstellt, scheint er für das *Nachwort* ein auktoriales Erzählverhalten beanspruchen zu wollen, das auf Allwissenheit beruht.

Im weiteren Bericht erzählt er aber in der **Ich-Form**. Er erscheint dabei weniger als Vertreter der Gesellschaft denn

---

70 M. Frisch, *Tagebuch 1946–1949*, S. 259.

Stillers persönlicher Freund als Stillers persönlicher Freund Rolf. Wenn er gelegentlich wieder in der Wir-Form spricht, meint er nur mehr sich und seine Frau Sibylle. Sobald es um die Darstellung von Stillers Leben am Genfer See geht, lässt er erkennen, dass er nur so viel weiß, wie er durch Briefe, Telefongespräche und seine Besuche bei Stiller erfahren konnte. Er beschränkt sich nun auf das personale Erzählverhalten, das auf der subjektiven Teilsicht und dem subjektiven Teilwissen eines Augenzeugen beruht. Im Zentrum seines Berichts steht das Er Stillers. Über sich selbst gibt das Ich nur so weit Auskunft, als dies der Darstellung Stillers dienlich ist. Erzählinstanz ist also ein **peripheres Ich**, das am Rande dessen steht, worüber es berichtet.

Im *Nachwort des Staatsanwaltes* erscheint Stiller endgültig in der Er-Form, diesmal, weil er mit seiner Verurteilung das von außen bestimmte Bildnis als eigenes angenommen hat und keine Selbstaussprache mehr sucht.

2.3.4 Parabelhafte Geschichten

Die Wahrheit, um die es ihm wirklich geht, *seine* Wahrheit, kann White/Stiller weder in der Ich- noch in der Er-Form zur Darstellung bringen, sondern nur auf dem Umweg über die Geschichten anderer Figuren. Drei solche Geschichten lassen sich als **Parabel** lesen, als ein „zu einer selbständigen Erzählung erweiterter Vergleich, der durch Analogieschluss auf den gemeinten Sachverhalt (von der Bildebene auf die Gedankenebene) zu übertragen ist"[71]: die kleine Geschichte von Isidor, das Märchen von Rip van Winkle, die Höhlengeschichte des echten James Larkin White.

---

71 *Schülerduden*, S. 312.

2.3.5 Die offene Form

Eine der Ironien *Stillers* besteht darin, dass die Titelfigur durchweg in der Er-Form erscheint und der Roman gleichwohl durch die Tagebuchform geprägt wird, die eigentlich der Selbstausspra-che dient. Indem Frisch das Tagebuch der Form nach beibe-hält und dem Sinn nach entleert, gelingt ihm „die Rettung des Romans in Tagebuchform"[72]. Emil Staiger hatte die Ta-gebuchform 1949 in einem Kommentar zu einem Vorabdruck aus Frischs *Tagebuch 1946–1949* abgelehnt, indem er bezwei-felte, „dass Selbsterkenntnis Wahres zu Tage fördere, da Su-chender und Gesuchter doch eins sind."[73] In *Stiller* trägt Frisch diesem Einwand Rechnung, nutzt aber weiterhin die Vorteile, die das Tagebuch als offene Form bietet.

> Tagebuch als Selbstaussprache

In *Stillers Aufzeichnungen im Gefängnis*
folgt die Darstellung wie in einem Tagebuch nicht der Zeit des Erzählten, sondern der Zeit der Niederschrift, bleibt also immer **nach vorn offen**.
White/Stiller vermeidet „jene Überschau eines traditionellen epischen Erzählers, mit der er das Geschehen folgerichtig, kausalbedingt, auf ein bestimmtes Ziel hin auszubreiten in der Lage wäre."[74] Die Struktur der *Aufzeichnungen* ergibt sich so aus einer „Montage aus synthetisierten Einzelteilen, die zu-sammengenommen erst die Integrität des Romans bewir-ken."[75] Selbst die Berichte über zeitlich zurückliegende Ereig-nisse, die als Handlungen abgeschlossen sind, bilden Teile

---

72   K. Braun (3), S. 101.
73   Zitiert nach Chr. Grimm, S. 130. (Der Aufsatz E. Staigers trägt den Titel *Keine Selbstdarstellung* und erschien 1949 im *Atlantis-Almanach*.)
74   K. Braun (1), S. 50.
75   Ebd., S. 51.

dieser offenen Form. „Die Anordnung dieser Berichte bleibt – vom Leser aus gesehen – dem Zufall überlassen: der Erzähler berichtet scheinbar nur das, was ihm gerade erzählt wurde."[76]

Das *Nachwort des Staatsanwaltes*
scheint im Unterschied dazu insofern eine geschlossene Form zu besitzen, als es eine mit dem Tod Judiths **abgeschlossene Handlung im Rückblick** erzählt und in der Darstellung der Zeit des Erzählten folgt.
In mehrfacher Weise bestätigt das Nachwort aber trotz seiner Geschlossenheit die offene Form des ganzen Romans. Zum einen hat es an der Polyperspektive des Romans teil, weil es die bisherigen Sichtweisen um ein weiteres **subjektives Zeugnis** bereichert.[77] Zum andern öffnet es sich zum Schluss insofern, als es Stiller allein weiterleben lässt. Der **offene Schluss** kann sowohl als Wendung in die Trostlosigkeit wie als „positive Wendung"[78] gedeutet werden, nämlich so, dass „der von seiner Rolle befreite Stiller vermag (...), wozu er früher nie imstande war: allein zu leben."[79]

2.3.6 Zeiten und Handlungen

Da die Darstellung im Hauptteil des Romans nicht der Zeit des Erzählten, sondern jener der Niederschrift folgt, lässt sich beim Lesen **kein Zeitkontinuum mit einer fortlaufenden Entwicklung der Handlung** verfolgen, auch nicht in den Berichten über abgeschlossene Episoden aus der Vergangenheit.

---

76 K. Braun (2), S. 88.
77 Der Staatsanwalt ist in dreifacher Hinsicht befangen: als Freund Stillers, als sein früherer Rivale und als Ankläger in dessen Prozess. Vgl. R. Kieser, S. 128.
78 H. Steinmetz, S. 123.
79 Ebd.

Aufgrund der Kenntnis des ganzen Romans ist es aber möglich, folgende Zeit- und Handlungseinheiten zu rekonstruieren[80]:

Jahre	Handlungen	Hefte
Vor 1945	**1. Phase: Vorgeschichte und Ehe Stillers mit Julika**	
ca. 1932	Stiller besteht die Matur	7 (S. 334)
1936	„Versagen" Stillers im Spanischen Bürgerkrieg	2, 6, 7
1937	Erstes Zusammentreffen Stillers mit Julika	2
	Gefängnisstrafe für Beteiligung am span. Bürgerkrieg	2, 7
1938	Heirat Stillers mit Julika	2
3. 9. 1939	Stiller erlebt den Kriegsausbruch als Mitrailleur (Maschinengewehrschütze)	3 (S. 174)
1945	**2. Phase: Erste Hauptgeschichte (Ehekrise)**	
1945	Zusammentreffen Stillers mit Sibylle	6
	Julika entdeckt Spuren Sibylles im Atelier Stillers	2
	Rolf für vier Tage in Genua	4, 7
Sommer 1945	Julika in Davos / Liebschaft Stillers mit Sibylle	2, 4, 6
August 1945	Erster Besuch Stillers in Davos	2, 6
Sept. 1945	Der Jesuit stirbt	2
	Rolf wird Staatsanwalt	4, 6

---

80   In Anlehnung an K. Braun (4), S. 135–137.

Jahre	Handlungen	Hefte
	Sibylle fährt nach St. Gallen (Abtreibung)	4, 6
Oktober 1945	Stiller in Paris	2, 4, 6
	Rolf bezieht das neue Haus	4, 6
	Julika flieht aus Davos	2
Nov. 1945	Sibylle kommt aus St. Gallen zurück	4, 6
	Sibylle fährt nach Pontresina	4, 6
	Stiller reist ihr nach	6
	Stiller bricht mit Julika und mit Sibylle	2, 6
Dez. 1945	Stiller wird zum letzten Mal in Zürich gesehen	2
	Rolf schlägt Sibylle die Scheidung vor	4, 6
	Sibylle reist in die USA	4, 6
1946–1952	**3. Phase: Verhüllte Geschichte Stillers in Amerika**	
Anfang 1946	Stiller in New York	*Nachwort* (S. 387)
1945–1952	Stiller lebt in den USA und Mexiko	
18. 1. 1946	Smyrnow-Affäre	*Nachwort* (S. 387)
Feb. 1946	Sibylle glaubt Stiller in New York zu sehen	6
???	Sibylle kehrt mit Rolf nach Zürich zurück	6

Jahre	Handlungen	Hefte
1948	Tod von Stillers Mutter	7 (S. 327)
1950	Selbstmordversuch Stillers	7
1952	**4. Phase: Zweite Hauptgeschichte (Gefängnis)**	
Herbst 1952	Verhaftung und Untersuchungshaft Stillers in Zürich	1, 3, 5, 7
1952–1955	**5. Phase: Das neue Leben**	
Winter 52/53	Stiller mit Julika in Territet (Genfer See)	Nachwort
Februar 1953	Besuch Rolfs und Sibylles in Territet	Nachwort
Sommer 1953	Niederlassung Stillers und Julikas in Glion	Nachwort
Oktober 1954	Erster Besuch Rolfs und Sibylles in Glion	Nachwort
![Herbst 1954]	[Publikation des Romans *Stiller*]!	
Winter 54/55	Stiller schickt Rolf seine *Aufzeichnungen*	Nachwort
März 1955	Operation Julikas	Nachwort
	Zweiter Besuch Rolfs und Sibylles in Glion	Nachwort
Ostermontag	Tod Julikas	Nachwort
???	Entstehung des *Nachwortes*	Nachwort

Die erste und die zweite Hauptgeschichte sind so miteinander verbunden, dass im Verlauf der zweiten die erste allmählich aufgedeckt wird. **Erzählgegenwart** für beide Hauptgeschichten ist also die Zeit der zweiten (Herbst 1952). Diese zielt auf die **Entscheidung** (Synthese), ob White/Stiller sein fingiertes Ich (White) aufrechterhalten kann oder zum latenten Ich (Stiller) zurückkehren muss. So wird die erste Hauptgeschichte zum Gegenstand der **Enthüllung** (Analyse).

2.4 Personenkonstellation und Charakteristiken

2.4.1 Personenkonstellation

Personenkonstellation zur Zeit der ersten Hauptgeschichte (1945)

Rolf &	Sibylle ♥	Stiller &	Julika	junger Jesuit
Ehemann	Geliebte	Bildhauer	Ballett-	Ratgeber Julikas
Sibylles	Stillers		tänzerin	

Personen der ersten Hauptgeschichte, die White/Stiller erzählen, was geschah

Julika Stiller-Tschudy	Rolf	Sibylle
Balletttänzerin,	Staatsanwalt,	Ehefrau Rolfs,
Ehefrau Stillers	Freund	ehemals
	White/Stillers	Geliebte Stillers

Personen der ersten Hauptgeschichte (1945), die in der zweiten (1952) wieder auftauchen

Wilfried Stiller	Sturzenegger
Halbbruder	Architekt, Freund Stillers

Personen, die nur in der zweiten Hauptgeschichte (1952) vorkommen

Knobel	White	Dr. Bohnenblust
Wärter	(Stiller)	Verteidiger

2.4.2 Charakteristiken

Anatol Ludwig Stiller
Dynamische Persönlichkeit, macht im ganzen Roman **drei Wandlungen** durch.

Bis 1945:
Geboren 1912. Stammt aus bescheidenen Verhältnissen. Wird nach der Matur ein mittelmäßig erfolgreicher Bildhauer. Leidet unter Minderwertigkeits-

Minderwertigkeitsgefühle

angst und Selbstüberforderung. Kämpft 1936 für die Republik in Spanien, sieht sich aber als Versager. Will sich ab der Heirat 1938 an der Seite Julika Tschudys, einer erfolgreichen Balletttänzerin, als Mann bewähren. Macht sich verantwortlich für ihre sexuelle Lustlosigkeit und ihre Tuberkulose. Lebt in der Liebschaft mit Sibylle auf, ist aber zu dauernder Liebe unfähig, weil er sich selbst nicht annimmt. Verbindet in sich weibliche Sensibilität mit männlichem Unvermögen, diese auszudrücken. Verschwindet nach dem doppelten Bruch mit der Geliebten und der Ehefrau nach Amerika.

1945–1952:
Versucht in Amerika sich umzubringen. Erlebt dabei ein Gefühl der Befreiung aus allen bestehenden Bindungen und bemüht sich, dieses zu bewahren, in-

Fingierte Identität als Befreiung

dem er die fingierte Identität des James Larkins White annimmt. Kehrt in die Schweiz zurück, entschlossen, die neue Identität der alten Umgebung gegenüber zu behaupten, selbst in der Haft. Zeigt in seinen Erzählungen literarisches Talent, erfährt aber die Unmöglichkeit, sich jenseits vorgeprägter Rollen auszudrücken. Scheitert im Versuch, die neue Identität in der wieder erwachten Liebe zu Julika aufrechtzuerhalten.

1952–1955:
Nimmt das Urteil, das seine alte Identität bekräftigt, ohne Widerrede an. Gibt die überhöhten Ansprüche an sich auf und akzeptiert sich. Zieht mit Julika an den Genfer See und wird Töpfer. Versucht, sich im Kampf um Julikas Gesundheit zu bewähren. Sieht sich darin schon vor Julikas Tod scheitern und nimmt diesen zum Anlass, alle gesellschaftlichen Beziehungen abzubrechen.

Julika Stiller-Tschudy
Wenig dynamische Persönlichkeit, macht im ganzen Roman **keine Wandlung** durch.
Geboren 1917 oder 1918. Stammt aus einer angesehenen Familie. Verliert ihre Eltern mit achtzehn. Bleibt ein „heimliches Mädchen", hat ein graziles, fast knabenhaftes Aussehen, wirkt zugleich spröde, gefühlskalt. Wird erfolgreiche Balletttänzerin. Empfindet alles Außerberufliche als Störung. Will keine Kinder. Liebt und heiratet Stiller, weil sie hofft, von ihm als Mann nicht bedrängt zu werden. Erlebt die Tuberkulose als Karriereknick, stellt sich aber nicht in Frage. Bleibt geradezu in sich verliebt. Weist die Kritik des jungen Jesuiten zurück, wonach sie sich in infantiler Unschuld nicht für ihr eigenes Verhalten verantwortlich fühlt und sich nur als Opfer anderer versteht. Ist nach Stillers Rückkehr nicht bereit, eine neue Beziehung aufzubauen, sondern unterstützt das Bemühen des Verteidigers, Stiller in seine alte Rolle zurückzuzwingen. Empfindet bis zu ihrem Tod all seine Versuche, sie von ihrem Leiden zu befreien, als Zumutung.

> Versteht sich als Opfer

Rolf, Staatsanwalt
Eher dynamische Persönlichkeit, macht nach seiner Ehekrise **eine Wandlung** durch.

Bis 1947/48:
Geboren 1900. Ehemann Sibylles, Vater ihres kleinen Jungen, Hannes. Will sich eine solide Existenz aufbauen. Wird Staatsanwalt, kauft sich ein Haus. Ist

Gegenstück zu Stiller

beherrscht, souverän, das Gegenstück zu Stiller. Glaubt, offen zu sein für Freiheiten in der Ehe, lebt aber wie ein Junggeselle neben seiner Frau. Erlebt die Liebschaft seiner Frau mit Stiller als Existenzkrise. Ist unfähig, ihr seine Gefühle zu zeigen. Lässt sie aus Stolz gewähren, obwohl er an Eifersucht fast zu Grunde geht. Ist zur Scheidung bereit und lässt sie in die USA ziehen.

Ab 1947/48:
Macht erst nach ihrem Weggang in die USA einen Wandel durch und holt sie nach etwa zwei-

Freund Stillers

einhalb Jahren zurück. Wird zum Freund Stillers, zum Treuhänder von dessen *Aufzeichnungen* und zum Berichterstatter über dessen neues Leben mit Julika. Hat sowohl für Stiller wie für Julika Verständnis. Versucht sich an „so etwas wie Gott" zu orientieren, was es ihm erlaubt, sich selbst und die anderen zu akzeptieren.

Sibylle
Eher dynamische Persönlichkeit, macht in der Ehekrise **eine Wandlung** durch.

Bis 1945:
Geboren 1917. Begegnet drei Männern, die sie prägen: ei-

nem Gymnasiallehrer, der sich scheiden lässt, Rolf, ihrem
Ehemann, und Stiller, ihrem Gelieb-
ten. Sieht im Leben mit Rolf ihre Er-

Prägung durch 3 Männer

füllung als Ehefrau und Mutter, sucht aber eine Beziehung
der wechselseitigen Bereicherung, nicht ein bloßes Verhältnis. Die Selbstgenügsamkeit Rolfs veranlasst sie, in Stiller
den brüderlichen Gefährten zu suchen. Wird von diesem
schwanger und möchte ein neues Leben mit ihm anfangen.
Da er nur zur Liebschaft fähig ist, lässt sie abtreiben und
trennt sich von ihm, nicht ohne ihn vorher durch ein Auf-
trumpfen mit Flirts gedemütigt zu haben. Angesichts von
Rolfs Unfähigkeit, auf sie einzugehen, zieht sie in die USA.

Ab 1945:
Bewährt sich in New York als selbst-
ständige Frau. Verdient sich ihren

Bewährung

Unterhalt selbst und lebt mit ihrem Kind Hannes in großer
Zurückgezogenheit. Als Rolf zu ihr nach New York kommt
und ihr ein neues Zusammenleben vorschlägt, kehrt sie nach
Zürich zurück. Im Herbst 1952, während Stillers Untersu-
chungshaft, kommt ihr zweites Kind, ein Töchterchen, zur
Welt.

Nebenfiguren
Statische Persönlichkeiten, die sich **wenig verändern**.

Dr. Bohnenblust, Verteidiger,
ist die satirische Verkörperung eines überzeugten Schwei-
zers. Hat kein Verständnis für Whites/Stillers Geschichten
und seine Kritik an der Schweiz. Veranlasst *Stillers Aufzeichnungen*, in der ausdrücklichen Hoffnung, sie würden „einfach die Wahrheit" über sein Leben wiedergeben. Hat als

ihr erster Leser keinerlei Verständnis für die *Aufzeichnungen*. Obwohl er in einer beschränkten geistigen Welt lebt, die alle Schlagworte über das „Schweizerische" (z. B. Freiheit) und das „Unschweizerische" (z. B. Kommunismus) zum Nennwert nimmt, durchblickt er Whites/Stillers Flunkereien von Anfang an als Ausdruck eben dessen, was dieser zu leugnen versucht.

Knobel, Aufseher,
wurde Gefängniswärter, weil er gerne Geschichten über Verbrechen hört. White/Stiller vermag als Einziger, diese Sensationsgier zu befriedigen. Knobel bewundert und verwöhnt ihn dafür, bis er enttäuscht feststellt, dass White/Stiller ihn belogen hat.

Wilfried Stiller, jüngerer Halbbruder Anatols,
ist das Gegenstück zu seinem älteren Halbbruder: „ein Mensch des natürlichen Daseins", Bauer, Schweizer ohne Dünkel, integer, selbstlos, amusisch.

Sturzenegger
Um 1945 ein begeisterter Vertreter neuer, an den USA orientierter Architektur. 1952, auf Besuch in Whites/Stillers Gefängnis, „ein Mann der fidelen Resignation". Reduziert die Begegnung mit White/Stiller auf die Summe von Reflexen der früheren Beziehung und macht dadurch alles Lebendige sogleich unmöglich. Bewahrt seine kritische Haltung nur verbal, passt sich faktisch an. White/Stiller nennt ihn ein Arschloch.

Der junge Jesuit

wird im Davoser Sanatorium zum Vertrauten Julikas. Erinnert als Sanatoriums-Veteran an Figuren aus Thomas Manns *Zauberberg*. Ist auf frivole Art mit Kranksein und Sterben vertraut. Ist sehr gebildet. Macht Julika auf das Bildnis-Verbot in der Liebe aufmerksam. Stößt bei ihr auf Unverständnis, sobald er ihre infantilen Schuldzuweisungen in Frage stellt. Stirbt während ihres Aufenthalts.

2.5 Sachliche und sprachliche Erläuterungen

Die folgenden Erläuterungen gelten nur Ausdrücken und Stellen, die **nicht** anhand eines deutschen Universal-Wörterbuchs oder aus den Erläuterungen im Text selbst zu klären sind.
Der gleiche Ausdruck wird immer nur einmal erläutert.
Die Seitenangaben beziehen sich auf die Taschenbuch-Ausgabe Suhrkamp: Frankfurt/M, 1973 (suhrkamp taschenbuch 105).

8	**Kierkegaard**, Sören: 1813–1855, dän. Theologe und Philosoph
11	'The **New Yorker**': amerikan. Kulturmagazin seit 1925
14	**Le Havre**: franz. Hafenstadt am Ärmelkanal – **Vera Cruz**: Hafenstadt an der Ostküste Mexikos
17	**Davos**: Luftkurort in Graubünden. Bekannt durch Thomas Manns *Zauberberg*
29	**Verrotzung**: Wortbildung Frischs (in Analogie zu „Verrottung") aus „Rotze" = Nasenschleim, Schmutz, Infektion, Ungezogenheit
36	**die Ermordung der mexikanischen Revolutionäre**: Emiliano Zapata, Pancho Villa, Venustiano Carranza und Alvaro Obregon wurden alle zwischen 1911 und 1924 ermordet. – **Orizaba**: vulkan. Gebirge im Zentrum Mexikos – **Eversharp**: Druckstift
38	**Benito Juarez**: Präsident Mexikos 1858–61 und 1864–72 – **Porfirio Diaz**: General und Diktator Mexikos 1876–1910 – **Eiserner Vorhang**: geschlossene Grenze zwischen West- und Osteuropa im Kalten Krieg, 1947–1989
39	**Steingartengasse**: gibt es nicht in Zürich, fiktive Adresse
44	**Niobe**: griech. Göttin. Prahlt mit Kinderreichtum,

wird zur Strafe zum Stein verwandelt, der weint. – **Penelope**: Gattin des Odysseus, die zwanzig Jahre auf dessen Rückkehr wartet.

48 **Paricutin**: Vulkan im Zentrum Mexikos. Bricht 1943 aus, zwei Jahre, bevor Stiller die Schweiz verlässt!

50 **Rio Grande**: Grenzfluss zwischen Texas und Mexiko

55 **Pontresina**: Luftkurort in Graubünden

56 **Tailleur**: maßgeschneidertes Kleid – **etwas Ephebenhaftes**: etwas von einem feingliedrigen Knaben – **Vendôme**: Platz in Paris, vgl. S. 304: „Hochburg der französischen Parfümerie"

60 **Oakland**: Stadt gegenüber San Francisco (Kalifornien)

66 **Piz Palü**: Gletschergipfel in Graubünden – **Louvre**: Museum in Paris, größte franz. Kunstsammlung

67 **Dannemann**: Zigarrenhersteller – **Legitimos**: Zigarrensorte bei Dannemann – **wie Thomas Mann es beschrieben hat**: Der Roman *Zauberberg* von 1924 spielt in Davos.

68 **Cortez und Montezuma**: Der span. Eroberer Hernàn Cortez, 1485–1547, nahm den aztekischen Herrscher Moctetzuma II. Xocoyotzin, 1467–1520, fest, der in der Gefangenschaft starb.

70 **Märchen von Rip van Winkle**: zuerst in Washington Irvings *Sketch book* 1820 (dt. 1909) erschienen – **Buch von Sven Hedin**: *Von Pol zu Pol*, Reisebuch in 3 Bänden, 1911, von Sven Hedin, 1865–1952, schwed. Forschungsreisender, Topograph und Ethnologe

71 **Hendrik Hudson**: Henry Hudson, ca. 1550–1611, engl. Seefahrer

78 **cachet**: (franz.) Stempel, Gepräge. Schweiz. für Gepräge im Sinn von Eigenart, Atmosphäre. White/Stiller verrät sich als Schweizer!

79 **Charlie Chaplin**: 1889–1977, einer der größten Komiker der Filmgeschichte. Wird 1952 des Kommunismus verdächtigt und verlässt die USA. (Grund für den Stadtrat Zürichs, ihn nicht zu empfangen!). Lässt sich bei Vevey am Genfer See nieder. – **Furtwängler**, Wilhelm: 1886–1954, dt. Dirigent – **Jean-Louis Barrault**: 1910–1994, franz. Schauspieler und Regisseur – **Rembrandt**: 1606–1669, niederl. Maler – **Picasso**, Pablo: 1881–1973, span. Maler – **Niederlassung von Thomas Mann**: Der dt. Autor, 1875–1955, lebte ab 1952 in Kilchberg bei Zürich.

84 **Saffian**: feines Leder aus Ziegenhaut

86 **Nussknacker-Suite**: romantische Ballettmusik des russ. Komponisten Pjotr Iljitsch Tschaikowsky, 1840–1893

87 **Spanischer Bürgerkrieg**: 1936–1939, endet mit dem Sieg der falangistischen Kräfte, unterstützt von Mussolini und Hitler, über die Republikaner, unterstützt von den Internationalen Brigaden Freiwilliger.

94 **Châteauneuf du Pape**: südfranz. Qualitäts-Rotwein

97 **Ravel-Valse**: Ballettmusik des franz. Komponisten Maurice Ravel, 1875–1937 – **De-Falla-Dreispitz**: Ballett des span. Komponisten Manuel de Falla, 1876–1946

100 **Rimsky-Korsakow**, Nikolai A.: 1844–1922, russ. Komponist. – **Strawinsky**, Igor: 1882–1971, russ. Komponist

102 **Bacchantin**: Anhängerin des röm. Wein- und Rauschgottes Bacchus – **Ascona**: mondäner Badeort im Tessin

103 **Lago Maggiore**: oberitalien. See, der ins Tessin (mit Ascona) hineinreicht

104 **valencianischer Reis**: Reisgericht mit Fleisch, Fischen und Meeresfrüchten (Paella) aus Valencia an span. Mittelmeerküste

106 **Filet Mignon**: zartestes Stück Rindfleisch

114 **Plato**: Platon, 427–348/47 v. Chr., griech. Philosoph, Schüler des Sokrates – **Tod des Sokrates**: Titel der Interpretation von Schriften Platons von Romano Guardini, ersch. 1945

116 **Hegel**, Georg Wilhelm Friedrich, 1770–1831, dt. Philosoph – **Dialektik**: Denken in Widersprüchen, von Hegel entwickelt, von Karl Marx der kommunist. Theorie zu Grunde gelegt – **absolute Lichtgeschwindigkeit**: Geschw. des Lichts im Vakuum = 299 792,46 km/s

118 **Professor Scherrer**, Paul: 1890–1969, schweiz. Physiker – **sein (...) Russland**: Napoleon, 1769–1821, und Hitler, 1889–1945, sind an der Eroberung Russlands gescheitert.

119 **Ecco**: (It.) da!, siehe da!, so!

124 **Mortimer**: treue Figur aus Schillers Tragödie *Maria Stuart* – **Clavigo**: untreue Figur aus Goethes Tragödie *Clavigo*

126 **Degas**, Edgar: 1834–1917, franz. Maler von Ballettszenen

127 **Public Library**: (engl.) öffentliche Bibliothek

128 **Puttchen**: Barock-Engelchen – **Krähenschwänzen**: gegabelte Rockschöße

129 **selbander**: (veraltet, iron.) miteinander, zusammen

130 **Tour-de-Suisse-Sieger**: Gewinner des jährlichen Radrennens durch die Schweiz

131 **Orest und Elektra**: Geschwister, die den Mord an ihrer Mutter Klyteimnestra planen

133 **Thomas von Aquin**: 1225/26–1274, Theologe und Philosoph des Mittelalters – **Einstein**, Albert: 1879–1955, Physiker, Begründer der Relativitätstheorie – **Bernanos**, Georges: 1888–1948, franz. kathol. Autor

136 „**Marmorklippen"** von **Ernst Jünger:** *Auf den Mar-morklippen,* Erzählung des konservativen dt. Autors von 1939 – **Kabine**: (schweiz.) Telefonzelle

137 **Perron**: (schweiz.) Bahnsteig. – **Flüchtlingin**: iron. Feminisierung durch Frisch.

139 **kombattanten Geste**: kämpferische, kriegerische Gebärde, Handlung – **Toledo**: span. Stadt südwestl. von Madrid – **Alcazar**: span. Burg – **Tajo**: Fluss bei Toledo – **Franco-Spanier**: Gegner der Republik, Anhänger des künftigen Diktators Francisco Franco, 1892–1975

140 **Kommissär**: polit. Verantwortlicher bei der Truppe

144 **Jardin de Luxembourg**: öffentlicher Garten im Zentrum von Paris

148 **Lehmerei**: Wortbildung Frischs, verächtl. Ausdruck für Bildhauerkunst

149 **Satanie**: Teufelei

152 **Mitrailleur**: (franz.) Schütze am Maschinengewehr

153 **Gamelle**: (franz.) Metallgefäss. Kochgeschirr der Schweizer Soldaten

154 **Häftchen**: kleine Spange

159 **Vasquez** (de) **Coronado und Cabeza de Vaca**: zwei span. Eroberer – **Notre-Dame**: Kathedrale von Paris

161 **Faden der Ariadne**: Wollknäuel, den Theseus von Ariadne erhält, um das Labyrinth des Minotaurus zu verlassen

164 **Versailles**: Schloss der franz. Könige südl. von Paris mit großer Gartenanlage – **Orpheus**: Sänger im griech. Mythos, der zur Befreiung seiner Frau Eurydike in die Unterwelt geht

167 ‚**Rock of Ages'**: Fels der Zeitalter

171 **a young cowboy who made his first entry trip in 1901**: ein junger Cowboy, der 1901 seinen ersten Aus-

flug ins Innere unternahm – **a Mexican boy**: ein junger Mexikaner

173 **Gelock**: Wortbildung Frischs für gelocktes Haar

174 **krieschend**: kreischend, Druckfehler

180 **das fließende Band**: Autoschlange, erinnert ans Fließband der Fabrik – **Jean Jacques Rousseau**: 1712–1778, franz. Philosoph, forderte die Rückkehr zur Natur – **Nash**: amerikan. Automarke – **die Siebente von Beethoven**: 7. Symphonie von Ludwig van Beethoven, 1770–1827

181 **How to enjoy life**: Wie man das Leben genießt – **Nurse**: (engl.) Kindermädchen

186 **Redwood**: Redwood Sequoia, dt. Mammutbaum, nordamerikan. Nadelbaum, Industrieholz – **Schah von Persien**: Herrscher Irans, dessen absolute Herrschaft 1953 durch einen Putsch gefestigt wird – **C. G. Jung,** Carl Gustav J.: 1875–1961, Psychiater und Psychoanalytiker in Zürich, dessen Vorlesungen Frisch 1931–1934 besuchte – **Marcel Proust**: 1871–1922, franz. Romanautor – **Hemingway,** Ernest: 1877–1961, amerik. Autor – **Mark Twain**: 1835–1910, amerik. Autor – **Graham Greene**: 1904–1991, engl. Romanautor – **Kafka,** Franz: 1883–1924, jüd.-dt. Autor aus Prag – **Heidegger**, Martin: 1889–1979, dt. Existenzphilosoph

187 **Eliot**, Thomas Stearns: 1888–1965, engl. Schriftsteller – **terra incognita**: (lat.) unbekanntes Land – **‚porch'**: (engl.) überdachter Hauseingang, Veranda – **What about your cat?**: Was ist mit Ihrer Katze?

188 **Michelangelo-Sklaven**: sechs Sklaven-Figuren aus Marmor des Bildhauers und Malers Michelangelo Buonarotti, 1475–1564 – **Nice to see you**: Schön, Sie zu sehen!

190 **entkruselten**: Wortbildung Frischs aus schweiz. „kruselig" = kraus, gekräuselt – **How do you like America?**: Wie gefällt Ihnen Amerika?

191 **This is Joe, my husband**: Das ist Joe, mein Mann – **O yes, my Lord, o yes!**: Oh ja, mein Herr, oh ja! – **I know, my Lord, I know!**: Ich weiß, mein Herr, ich weiß!

192 **around the corner**: um die Ecke

193 **Gasoline**: Dieselöl

194 **D'you know she's hurt?**: Wissen Sie, dass sie verletzt ist? – **awfully hurt**: schrecklich verletzt – **And you don't feel any pity for her?**: Und Sie haben überhaupt kein Mitleid mit ihr? – **you are cruel, you don't love her**: Sie sind grausam, Sie lieben sie nicht – **You should love her! – Why should I? – Of course, you should!**: Sie sollten sie lieben! – Warum sollte ich? – Natürlich sollten Sie!

200 **Anna Karenina**: Ehebrecherin, Titelfigur des gleichnamigen Romans des russ. Autors Leo Tolstoj, 1828–1910 – **Effi Briest**: Ehebrecherin, Titelfigur des gleichnamigen Romans des dt. Autors Theodor Fontane, 1819–1898

203 **schlumpiger**: (schweiz.) schlapp, nachlässig, unordentlich, unsauber – **Strupper**: Wortbildung Frischs (in Analogie zu „Schrubber") aus „struppig" = zerzaust, wirr, wild – **Zotigkeit**: Wortbildung Frischs für Unanständigkeit, Derbheit, Geschmacklosigkeit

204 **Denker von Rodin**: Figur des franz. Bildhauers Auguste Rodin, 1840–1917

206 **Mia casa, attenda qui, vengo subito!**: Mein Haus, warten Sie hier, ich komme gleich!

211 **,posta restanta'**: Rolf bildet das italien. Wort nach dem

franz. „poste restante" = postlagernd. Italienisch hieße es „fermo in posta". – **Churchill-Memoiren**: Der ehem. engl. Kriegs-Premier Winston Churchill, 1874–1965, veröffentlichte seine Kriegs-Memoiren 1948–1954, also erst drei bis neun Jahre nach Rolfs Genua-Aufenthalt 1945!

212 **Quartier**: (schweiz.) Stadtviertel

213 **blaterigen**: Adj. zu schweiz. dt. „Blater" = Blase, Schwellung

214 **Niente**: (it.) nichts – **No**: (it.) nein

217 **Chiasso**: schweiz. Ort an der italien. Grenze – **Göschenen**: Ort am Nordeingang des Gotthardtunnels

224 **Molière-Komödie**: Molière, 1622–1673, Komödienautor der franz. Klassik

225 **Katalpa**: Trompetenbaum

226 **Redwood-City**: kaliforn. Stadt im Westen der San Francisco-Bay

228 **im Stil eines rasenden Roland**: Anspielung auf Liebesschmerz des Titelhelden im it. Ritter-Epos *Orlando furioso* von Ludovico Ariosto, 1474–1533

229 **Toggenburger Bauernschrank**: Möbel aus dem Toggenburg, Landschaft im schweiz. Kanton St. Gallen

233 **‚Ile de France'**: franz. Überseeschiff, benannt nach der Region um Paris

242 **ready for use**: (engl.) fertig zum Gebrauch

244 **Kravchenko**, Ivan Sergeevich: hoher Funktionär der kommunist. Partei der Sowjetunion

248 **Reduit**: (franz.) Zufluchtsort – **halbbatzig**: (schweiz.) teilweise, unvollständig (von „Halbbatzen" = Geldstück im halben Wert eines Batzens)

254 **das Kommunistische Manifest**: *Manifest der Kommunistischen Partei* von Karl Marx, 1818–1883, und Friedrich Engels, 1820–1895, 1848 veröffentlicht. – **Hölder-**

lin, Johann Christian Friedrich: 1770–1843, Autor der dt. Klassik – **Gide**, André: 1869–1951, franz. Autor – **Lukarnen**: (franz.) Dachfenster, Dachluke – **Brockenhaus**: Altwarenhaus für gemeinnützige Zwecke (den Begriff prägte F. v. Bodenschwingh 1891)

255 **Cinzano**: it. Likör – **Josef Stalin**, 1879–1953: kommunist. Diktator der Sowjetunion von 1927 bis 1953 – **Toulouse-Lautrec**, Henri de: 1864–1901, franz. Maler, Grafiker – **Banderillas**: (span.) Stierkampf-Spieße, mit Bändern geschmückt

262 **Keckling**: Wortbildung Frischs aus „keck"

263 **in der ,Neuen Zürcher Zeitung'**: Zeitung mit großem Kulturteil

264 **David**: biblische Figur, besiegt als Jüngling den Riesen Goliath – **Irun**: Stadt im span. Baskenland – **Zaragoza**: span. Stadt am Ebro

265 **Buchenwald und Auschwitz**: berüchtigte Konzentrations- und Vernichtungslager des Nationalsozialismus – **Casals**, Pablo: 1876–1973, span. Cellist und Dirigent, musste während Francos Diktatur im Exil leben

282 **Kunsthalle**: zur Zeit der Niederschrift von *Stiller* fiktiv, gibt es in Zürich erst seit 1990. – **Gleichschwer**: Kuchen mit gleichem Gewichtsanteil von Zucker, Butter und Mehl

285 **Gare de l'Est**: Pariser Bahnhof für Züge aus dem Osten Frankreichs

287 **Verdi**, Giuseppe: 1813–1901, it. Opern-Komponist

295 **Donau-Walzer**: Musikstück des österr. Komponisten Johann Strauss, 1825–1899

296 **Samaden**: Ort in Graubünden

297 **Düsterling**: Wortbildung Frischs aus „düster"

298 **chambriert**: (franz.) auf Zimmertemperatur gebracht

299 **Charles Boyer**: 1899–1978, amerikan. Filmschauspieler franz. Herkunft

302 **Brissago**: schweiz. Zigarre aus dem gleichnamigen Tessiner Ort – **General Guisan**, Henri: 1874–1960, Oberbefehlshaber der Schweiz. Armee 1939–1945 – **Bauernschüblig**: ostschweiz. Brühwurst

303 **Bergün**: Ort in Graubünden

305 **Celui là**: Dieses da! – **Jouvet**, Louis: 1887–1951, franz. Schauspieler und Regisseur – ,**Ecole des femmes'**: Komödie Molières, Theatererfolg Jouvets 1936 (!)

308 **Village**: Greenwich Village, Viertel der Intellektuellen und Künstler in New York

310 **Subway**: U-Bahn

311 **Riverside Drive**: eine der schönsten Strassen Manhattans am Ostufer des Hudson – **Hudson**: Strom, entspringt im Norden des Staates New York mündet in New York ins Meer – **Arizona**: amerikan. Bundesstaat – **Texas**: amerikan. Bundesstaat

312 **Drugstore**: (engl.) Drogerie, in den USA Lebensmittelladen mit Bar, Restaurant

313 **La Guardia**: Flughafen von New York

314 **kid**: (engl.) Kind – **guy**: (amerikan.) junger Kerl

315 **Walpurgisnacht auf dem Theater**: Anspielung auf Hexentreffen in Goethes *Faust*

318 **Röntgen-Status**: Zustand, den das Röntgenbild zeigt – **Kartothek**: Kartei

319 **Saridon**: Schmerzmittel – **Janitzio**: Insel im See Patzcuaro in Mexiko

321 **Stirb und Werde**: Goethe-Vers aus *Suleika (Was bedeutet die Bewegung)* in: *West-Östlicher Divan, Buch Suleika*

322 **den bekannten Vers: Den ich lieb, der Unmögliches begehrt!**: „Den lieb' ich, der Unmögliches be-

gehrt". Vers 7488 aus Goethes *Faust II*, 2. Akt, *Klassische Walpurgisnacht*

324 **conditio sine qua non**: (lat.) unerlässliche Bedingung

329 **ans Bellevue**: an den Bellevue-Platz im Zentrum Zürichs

333 **Europäische Verteidigungsgemeinschaft**: Militärabkommen von 1952 zwischen Frankreich, Italien, Belgien, den Niederlanden, Luxemburg und der BRD, scheitert 1954 an der Ablehnung des franz. Parlaments

343 **Place de la Concorde**: Platz in Paris

347 **Uni-**: einfarbig

349 **Schifflände**: Anlegestelle

352 **Herrliberg**: Ort am rechten Ufer des Zürichsees – **Thalwil**: Ort am linken Ufer des Zürichsees

356 **Malerschloss**: Vorhängeschloss

358 **Grotten von Carlsbad**: Im Staat New Mexico, USA. In den Carlsbad Caverns hat die Höhlengeschichte des realen James Larkin (Jim) White 1901 stattgefunden. – **grand lit**: (franz.) großes Bett – **Philipp-Bett im Escorial**: Totenbett König Philipps II. 1598, Touristenattraktion

359 **Brecht**, Bertolt: 1898–1956, dt. Autor – **Hamsun**, Knut: 1859–1952, norweg. Autor – **Gorki**, Maxim: 1868–1936, russ. Autor – **Nietzsche**, Friedrich Wilhelm: 1844–1900, dt. Philosoph – **Graf** (von) **Keyserling**, Eduard: 1855–1918, dt. Autor – **Mein Kampf**: Bekenntnisschrift Adolf Hitlers, ersch. 1925/26 – **Inselbändchen**: leicht erschwingliche Bändchen des Insel-Verlags – **Westöstlicher Diwan**: Gedichtzyklus Goethes von 1819 – **Gespräche mit Eckermann**: Aufzeichnungen Johann Peter Eckermanns, 1782–1854, der Gespräche mit Goethe 1823–1832, ersch. 1836 – **Don**

Quixote de la Mancha: Roman des span. Autors Miguel de Cervantes, 1547–1616 – **Ilias**: griech. Epos Homers über die Schlacht um Troja, 8. Jh. v. Chr – **Göttliche Komödie**: it. Epos von Dante Alighieri, 1265–1321 – **Erich Kästner**: 1899–1974, dt. Autor – **Mozarts Reise nach Prag** *Mozart auf der Reise nach Prag*, Novelle des dt. Autors Eduard Mörike, 1804–1875 – **Till Eulenspiegel**: dt. Volksbuch um 1510 – **Recherche**: *A la recherche du temps perdu*, 13-bändiger Roman von Marcel Proust – **Huttens letzte Tage**: Epos des schweiz. Autors Conrad Ferdinand Meyer, 1825–1898 – **Gottfried Keller**: 1819–1890, schweiz. Autor – **Die schwarze Spinne**: Novelle des schweiz. Autors Jeremias Gotthelf, 1797–1854 – **Arp**, Hans (Jean): 1886–1966, elsäss.-schweiz. Bildhauer und surrealist. Autor – **Traumspiel von Strindberg**: Schauspiel des schwed. Autors August Strindberg, 1849–1912 – **Hesse**, Hermann: 1877–1962, dt. Autor – **Tschechow**, Anton: 1860–1904, russ. Autor – **Pirandello**, Luigi: 1867–1936, it. Autor – **Lawrence**, D. H.: 1885–1930, engl. Autor – **Die Frau, die davonritt**: *The Woman who rode away*, 1925 – **Albin Zollinger**: 1895–1941, schweiz. Autor, von Frisch geschätzt – **Dostojewski**, Fjodor: 1821–1881, russ. Autor – **Garcia Lorca**: 1898–1936, span. Autor, von Franco-Anhängern im Span. Bürgerkrieg umgebracht – **Claudel**, Paul: 1868–1955, franz. Autor – **Das Kapital**: Hauptwerk von Karl Marx, 3 Bde., 1867, 1885, 1894 – **Lichtenberg**, Georg Christoph: 1742–1799, dt. Autor – **Tagore**, Rabindranath: 1861–1941, ind. Autor und Philosoph – **Ringelnatz**, Joachim: 1883–1934, dt. Autor – **Schopenhauer**, Arthur: 1788–1860. dt. Philosoph – **Stierkampf-Buch**: *The Sun also rises* (dt. *Fies-*

ta), 1926 – **Trakl**, Georg: 1887–1914, dt. Lyriker – **Gandhi**, Mahatma: 1869–1948, ind. Politiker, Verfechter der gewaltlosen Befreiung

360   **Klischee-Namen**: mit Blech- oder Pappe-Plättchen gezeichneter Namen

371   **das Ewig-Weibliche zieht hinan**: verkürzte Schlussverse (12110/11) aus Goethes *Faust II*: „Das Ewig-Weibliche / Zieht uns hinan."

372   **Schall und Rauch**: „Name ist Schall und Rauch", V. 3457 aus Goethes *Faust I*, Antwort Fausts auf die Gretchen-Frage nach seinem Glauben

373   **Was du von deinen Vätern hast, erwirb es, um es zu besitzen**: „Was du ererbt von deinen Vätern hast, / Erwirb es, um es zu besitzen", V. 682/3 aus Goethes *Faust I*

374   **Bowery**: ärmliche Strasse und Gegend in New York

377   **Geschnorr**: (schweiz., umgangssprachl.) Gerede

382   **Bronx**: ärmlicher Stadtteil in New York

388   **Forch**: Anhöhe süd-östl. von Zürich – **Territet**: Kurort am Genfer See, zwischen Montreux und Chillon – **Chalets**: (franz. und schweiz.) Holzhäuser in Schweizer Bergen

390   **ferme vaudoise**: waadtländisches Bauernhaus, Vaud (Waadt) = Schweizer Kanton am Genfersee – **Trotte**: (schweiz.) Weinpresse

391   **Glion**: Kurort oberhalb von Montreux am Genfer See – **Berge von Savoyen**: Berge auf der franz. Seite des Genfer Sees

392   **Schloss Chillon**: Wasserschloss am Genfersee, südöstl. von Montreux – **Dents du Midi**: Gebirgsmassiv südl. von Montreux an der franz. Grenze

393 **retour à la nature**: (franz.) zurück zur Natur, Anspielung auf Jean-Jacques Rousseaus Zivilisationskritik – **vieux sentier**: (franz.) alter Pfad – **Ramuz**, Charles-Ferdinand, 1878–1947, franz.sprachiger Schweizer Autor – **Caux**: Ort oberhalb von Glion und Montreux

394 **Swiss pottery**: (engl.) Schweizer Töpferei – **Los Alamos**: Ort im US-Bundesstaat Arizona – **Santa Fé**: Hauptstadt des US-Bundesstaates New Mexico – **der ästhetischen Haltung gegenüber dem Leben**: Bei Kierkegaard bleibt der Mensch in der „ästhetischen Existenz" in Sinnlichkeit und Triebhaftigkeit befangen.

396 **St. Saphorin**: Ort am Genfer See, zwischen Montreux und Lausanne, mit Qualitäts-Weißwein – **Aphrodite**: griech. Göttin der Liebe – **Artemis**: griech. Göttin der Jagd

397 **MON REPOS**: (franz.) mein Ruheort

398 **Schopf**: (schweiz.) Schuppen, Nebengebäude

410 **Caux**: Der Ortsname steht hier für die Bewegung der Moralischen Aufrüstung Frank Buchmanns, die ihr Konferenzzentrum seit 1946 in einem Luxushotel in Caux hat (vgl. S. 416).

414 **Villeneuve**: Ort am östl. Ende des Genfer Sees

415 **Trainer**: (schweiz.) Trainingsanzug

435 **Chèbres**: richtig geschrieben „Chexbres", Ort zwischen Montreux und Lausanne – **Yverdon**: Ort am süd.-westl. Ende des Neuenburger Sees – **Murten**: Ort westl von Bern – **Neuenburg**: Hauptstadt des gleichnamigen Schweizer Kantons, am nord-östl. Ende des Neuenburger Sees gelegen – **Peterinsel**: richtiger Name „St. Peters-Insel", Halbinsel am süd-östl. Ende des Bielersees

2.6 Stil und Sprache

Die Stilmittel des Romans erklären sich aus den Grundhaltungen der beiden hauptsächlichen Erzähler (White/Stiller, Staatsanwalt) und aus der Anlage des ganzen Romans.

Stilmittel des Überzeugens

White/Stiller will der Festlegung auf seine frühere Identität als Stiller entgehen. Er ist in seinen *Aufzeichnungen* besessen „von der Sucht, überzeugen zu wollen." (S. 387)

Stilmittel	*Erklärung*	*Beispiel*
Exklamation	Ausruf	„Ich bin nicht ihr Stiller. Was wollen sie von mir!" (S. 49)
Akkumulation	Worthäufung	„Ich bin ein unglücklicher, nichtiger, unwesentlicher Mensch, der kein Leben hinter sich hat, überhaupt keines." (S. 49)
Hyperbel	Übertreibung	„Sie wollen mich irrsinnig machen, bloß um mich einbürgern zu können und Ordnung zu haben, und scheuen vor nichts mehr zurück." (S. 344)
Evidenz	Augenscheinlichkeit	„Ob ich wirklich in Mexiko gewesen bin! Jeder

		kann sagen Ja, aber nicht jeder, denke ich, kann meinem Verteidiger erzählen, was so ein Sandblatt, wie eben an dieser Zigarre, dem armen Pflücker in der Plantage für einen Rückenschmerz macht; denn das sind die untersten Blätter an der Staude, zäher als die oberen (...)." (S. 46)
Ironie der Dissimulation (Verschleierung)	Verschleierung des eigenen Wissens	„Die ganze Zeit redet sie von ihrer Ehe, die, wie ich vernehme, auch nicht so gewesen ist, wie eine Ehe sein sollte." (S. 57)
Ironie der Simulation (Vortäuschung)	Darstellung einer fremden Meinung als der eigenen	„Sie liebte ihn, versteht sich, sonst hätte man ihn ja nicht zu haben brauchen; das ist das Beglückende an Hunden, man liebt sie oder man braucht sie nicht zu haben." (S. 105)

Stilmittel des Verstummens

White/Stiller hat „keine Sprache für die Wirklichkeit" (S. 84), ihm bleibt „die Sprache, um stumm zu werden." (S. 331)

Stilmittel	Erklärung	Beispiel
Ironie des Unsagbaren	Bedeutsame Beteuerung, man habe keine Worte	„Wie sie ist, wüßte ich nicht zu sagen." (S. 68)
Aposiopese	Bedeutsamer Redeabbruch	„Jedes Wort ist falsch und wahr, das ist das Wesen des Worts, und wer immer nur alles glauben will oder nichts –" (S. 175)
Ellipse	Bedeutsame Verkürzung	„Ich rauche. Ich schildere ihm meine Arbeit auf der Tabak-Plantage von Uruapan. Eine harte Zeit. Von Morgen bis Abend auf den Knien." (S. 46)

Stilmittel des Umschreibens

White/Stiller und der Staatsanwalt befolgen das Bildnisverbot insofern, als sie oft nicht direkt benennen, sondern umschreiben, was ihnen wichtig ist und was sie in Lebendigkeit bewahren wollen.

Stilmittel	Erklärung	Beispiel
Periphrase	Umschreibung durch mehrere Ausdrücke	„Der junge Mann hat wohl die Praxis seines Onkels und die Kunden übernommen, ist aber keinesfalls gewillt, auch die Fehler der eben verstorbenen Generation zu übernehmen, und was ich beispielsweise im Munde habe, sind fast lauter Fehler." (S. 317–318)
Litotes	Untertreibung durch Verneinung des Gegenteils	„In Wirklichkeit ging es wohl nicht so märchenhaft wie in seinen Briefen." (S. 394)
Emphase	Hinweis auf etwas Verschwiegenes durch Nachdrücklichkeit	„Natürlich dachten wir beide an die Zeit in der Klinik. Dort war sie wichtig, die Zeit, nicht hier." (S. 431)
Anspielung	Rückschluss auf etwas Verschwie-	„Jetzt bilde ich mir sogar ein, er wäre der

	genes durch den Kontext	einzige gewesen, dem ich meine Erfahrung hätte mitteilen können – die sonst kaum mitteilbare Begegnung mit meinem Engel." (S. 85)
Vergleich		„Zuweilen habe ich das Gefühl, man gehe aus dem Geschriebenen hervor wie eine Schlange aus ihrer Haut." (S. 330)
Metapher	Bildlicher Ausdruck	„Ablagerung ist auch nur ein Wort, ich weiß, und vielleicht reden wir überhaupt nur von Dingen, die wir vermissen, nicht begreifen. Gott ist eine Ablagerung!" (S. 66)

Stilmittel des epischen Verfremdens

Frisch überträgt Brechts ‚Verfremdungseffekt' vom Theater aufs Erzählen[81] und lässt White/Stiller und den Staatsanwalt so erzählen, dass man sich beim Lesen fragt, ob „die erzählte Geschichte ‚wirklich' passiert sei".[82]

Stilmittel	*Erklärung*	*Beispiel*
Parenthese	Einschub in Klammern zur Distanzierung,	„Ich war (laut Protokoll) ziemlich betrunken, weswegen ich Mühe habe

---

81 Vgl. oben unter *2.3.3 Erzählsituation*.
82 M. Frisch, *Tagebuch*, S. 259.

	Ironisierung	den Hergang zu beschreiben, den äußeren." (S. 9)
Nachtrag	Nachgestellte relativierende Ergänzung, Präzisierung	„Es war etwas mit Stiller geschehen, schien mir." (S. 407)
Vermutung	Adverbien und Verben des Einschränkens, Vermutens	„Irgendwie scheint ihn diese Aussage wieder nicht zu freuen, und ich fühle nur, daß ihn meine Wochenendfahrten ziemlich interessieren." (S. 179)
Frage	Ausdrückliche Mutmaßung	„Ob die unglückliche Frau Julika fürchtete, Stiller würde den Kopf verlieren und einen unerträglichen Zustand herbeiführen? Ich weiß es nicht." (S. 407)

Stilmittel der Mehrstimmigkeit

Die epische Verfremdung führt zur Häufung der Perspektiven (Polyperspektive)[83] und damit zur Mehrstimmigkeit des Textes (Polyphonie).

Stilmittel	Erklärung	Beispiel
Rollen-Klischee	Durch Rolle vorgeformte Sprechweise	
	a) Betrogene Ehefrau (Julika)	„(...) im Grunde genommen soll es doch eine äußerst glückliche Ehe gewesen sein – bis diese andere auftauchte." (S. 94)
	b) Macho-Ehemann (Rolf)	„Eine Ehe im klassischen Stil, Monogamie, war es wohl schon lange nicht mehr. Aber das war nun einmal so, und Sibylle hatte dafür das Kind, das ihr in den ersten Jahren vieles ersetzte, einen Buben namens Hannes." (S. 208)
	c) Betrügende Ehefrau (Sibylle)	„Rolf war zum Umbringen, fand sie; er gewährte ihr eine Freiheit, eine Unabhängigkeit, die nach-

---

83   Vgl. oben unter *2.3.3 Erzählsituation.*

	d) Beamter bzw. Offizier (Bohnenblust)	gerade kränkend wurde." (S. 278) „(...) kurzum, ohne Hoffnung keine Hoffnung, also Hand aufs Herz und keine dummen Geschichten machen, der gute Kern auch in Stiller (...). (S. 372)
Helvetismus	Schweizerische Wendung a) Charakterisierung der (zitierten) Erzählerin (Schweizerin Julika)	„Kurz darauf erschien die Schwester, um sich zu erkundigen, ob Frau Julika nicht zu kalt hätte." (S. 144)
	b) Unfreiwillige Entlarvung des Erzählers (Schweizer White/Stiller)	„Es war keine Kleinigkeit, die steifen Gladiolen einigermaßen zu büscheln." (S. 250)
Literarische Anspielung	Erzähltes ist schon erzählt („Wir leben in einem Zeitalter der Reproduktion." S. 186)	„Gestern in Davos. Es ist genau so, wie Thomas Mann es beschrieben hat." (S. 67)

2.7 Interpretationsansätze

Die drei hier gewählten Ansätze sollen einen Eindruck von der Bandbreite möglicher Deutungen vermitteln.

2.7.1 Der gesellschaftskritische Ansatz

Nach **Hans Mayer** lautet das eigentliche Thema in *Stiller* „Leben und Literatur im Zeitalter der Reproduktion"[84].
- Die „herrschende Gesellschaftsordnung"[85] normiert das Leben derart, dass es „als Wiederholung vorgeprägter Literatur"[86] erscheint.
- Deshalb greift der Roman auf die Muster des Ehe-, Künstler-, Erziehungs- und Kriminalromans zurück.

> „Man blickt in eine Welt der Verdinglichung, worin alle Beziehungsmöglichkeiten zwischen Menschen oder zwischen Menschen und Institutionen derartig normiert wurden, dass für unmittelbare Produktion kaum mehr eine Möglichkeit bleibt."[87]

Stiller muss nach Mayer scheitern, weil ihm das abgeht, was Frisch selbst durch „die wahrhaftige Darstellung von Zuständen der Entmenschlichung"[88] beweist: Verantwortung, Risiko, Freiheit.

---

84 H. Mayer, S. 243.
85 Ebd., S. 245.
86 Ebd., S. 240.
87 Ebd., S. 247.
88 Ebd., S. 255.

2.7.2 Der psychoanalytische Ansatz

Für **Gunda Lusser-Mertelsmann** ist „Frischs Schreiben auf Selbsterkenntnis hin ausgerichtet"[89].

– Das Schreiben Stillers setzt dort ein, wo er sein abgewertetes Ich nicht mehr durch räumliche Flucht (Mexiko, Nordamerika) verdrängt, sondern in der Form der Verneinung („Ich bin nicht Stiller!") in Sprache fasst und so zum Bewusstsein zulässt.[90]
– Die Rekonstruktion von Stillers Person und Geschichte geschieht so auf einem doppelten Weg:
   a) durch die Darstellung der „abgespaltenen, entfremdeten Ich-Anteile"[91] in der Er-Form durch andere Erzähler (Julika, Rolf, Sibylle)
   b) durch die Geschichten Whites, die die Wahrheit zwar verhüllen, sie über das in ihren Varianten erscheinende Erlebnismuster aber auch erkennen lassen.[92]

„Der Roman ist die Darstellung eines Ich-Zerfalls und zugleich der Versuch der Wiederherstellung, der Heilung, durch Selbstsuche. Der wesentliche Teil der Selbstflucht liegt in der Vergangenheit. Mit dem Beginn des Romans fängt die Selbstsuche an, die über die Kompromissformel der Verneinung möglich wird; durch sie gewinnt der innere Konflikt äußere Gestalt. In dieser Auseinandersetzung mit sich selbst, vor allem in der Art, wie sie geschieht, liegt zweifellos die ‚gleichsam psychoanalytische Färbung'[93] des Romans. Was Frisch hier darstellt, ist tatsäch-

---

89 G. Lusser-Mertelsmann, S. 610.
90 Vgl. ebd., S. 603.
91 Ebd., S. 604.
92 Vgl. ebd., S. 607.
93 H. Heissenbüttel, S. 60, zitiert nach G. Lusser-Mertelsmann, S. 609.

lich eine Art ‚Selbstanalyse'[94] (...) und diese Selbstanalyse
hat sehr viel Ähnlichkeit mit der psychoanalytischen The-
rapie."[95]
Durch seine „Form, die die Problematik selbst ist", erscheint *Stiller* Gunda Lusser-Mertelsmanns als „das wohl
überlegenste und deshalb auch das erfolgreichste Werk
Frischs."[96]

2.7.3 Der strukturale Ansatz

Marianne Wünsch untersucht die Strukturen des Romans
auf der Ebene sowohl der Darstellungsweise wie des Dar-
stellungsinhalts.

– Diese Untersuchung führt zur Einsicht, dass der Roman
   das, worum es eigentlich ginge, immer wieder über den
   Umweg dessen darstellt, um das es eigentlich nicht geht:
   „Da das *Eigentliche unzugänglich* ist, ist das *Uneigentliche notwendig;* da das Uneigentliche das Eigentliche nicht in einer 1:1-Relation abbildet, kann jedes *Uneigentliche
   seinerseits durch ein anderes* substituiert werden"[97].
– Das fortlaufende Substituieren (Ersetzen) führt dazu, dass
   der Text „immer wieder an einer Stelle etwas einführt, zu
   dessen Verständnis eine spätere Stelle notwendig ist oder
   dessen Relevanz erst von dieser späteren Stelle her er-
   kennbar wird."[98]

---

94 U. Weisstein, zit. nach G. Lusser-Mertelsmann, S. 609.
95 G. Lusser-Mertelsmann, S. 609.
96 Ebd., S. 612.
97 M. Wünsch, S. 590.
98 Ebd., S. 592.

– Die Wiederholung ist das hauptsächliche Strukturmerkmal des Textes, und eigentlich verlangt er zu seinem vollen Verständnis die Wiederholung auch der Lektüre.

„Die dargestellte Welt verlassen zu können oder nicht, ist Problem Stillers wie des Lesers: für beide ist sie die vertraute, traditionelle, verführerische, die man als eigene akzeptieren oder als fremde interpretieren kann. Die Alternative ist die von Identifikation und Erkenntnis. Im ersten Falle stellt sich der literarische Text *Stiller* als letztlich vertraut-traditioneller oder scheinmoderner dar, dessen Welt scheinbar auf bekannte Ordnungen zurückgeführt werden kann, im zweiten Falle ist er ein Text über vertraute Literatur und bekannte Weltordnung, die er als nicht mehr funktionierende zu seinem Thema macht."[99]

---

[99] Ebd., S. 593.

3. Themen und Aufgaben

Die Lösungstipps beziehen sich auf die Kapitel der vorliegenden Erläuterung.

3.1 Zu Leben und Werk

1) **Vergleichen Sie die Angaben zum zeitgeschichtlichen Hintergrund mit den wichtigsten Äußerungen Stillers über die Schweiz. Welche Entwicklungen der Schweiz zwischen 1943 und 1953 werden von Stiller**
▶ angesprochen?
▶ übergangen?

Lösungshilfe
Lösungstipp:
Siehe Kapitel
1.2 und Roman S. 196–199 und 247–249

2) **Lesen Sie die Inhaltsangaben zu den Werken Frischs.**
▶ Entscheiden Sie sich für **ein** Thema, das Ihnen als das für Frischs Gesamtwerk wichtigste erscheint und das auch in *Stiller* vorkommt.
▶ Diskutieren Sie Ihr Ergebnis mit den Ergebnissen Ihrer Kolleginnen und Kollegen.

Lösungstipp
Siehe Kapitel
1.3 und ganzer Roman

3.2 Zum Aufbau

Untersuchen Sie die Darstellung des Paris-Aufenthalts Stillers aus verschiedenen Perspektiven (Julika, Rolf, Sibylle, Stiller) und klären Sie,	Lösungshilfe Siehe Kapitel 2.3.3 und Roman S. 32,
▶ inwieweit sich aus Übereinstimmungen allmählich ein eindeutiges Bild ergibt,	138, 143–145, 231/2, 285,
▶ inwieweit Abweichungen es den Lesenden auch bei Kenntnis aller Sichtweisen schwer machen, ein eindeutiges Bild zu bekommen.	287/8, 290, 304–306

3.3 Zu den Personen

Im Unterschied zu allen anderen Hauptpersonen des Romans (Stiller, Rolf, Sibylle) verändert sich Julika nicht, obwohl sie sich von ihrer Umgebung mehrmals dazu herausgefordert sehen könnte.	Siehe Kapitel 2.4.2 und Roman S. 55–60, 80–84, 133–134, 147–
▶ Zeigen Sie auf, warum sie die Gelegenheiten zur Veränderung nicht wahrnimmt.	151, 367–369, 403–406

3.4 Zu Stil und Sprache

Untersuchen Sie die Passage über das erste Wiedersehen Stillers und Julikas im Hinblick auf die Stilmittel. Sammeln Sie Beispiele des Überzeugens, Verstummens, Umschreibens, Verfremdens und der Mehrstimmigkeit und bestimmen Sie sie näher.

Lösungshilfe
Siehe Kapitel 2.6 und Roman S. 55–58 (ab „Ihre Haare sind rot" bis „so daß ich ihr Gesicht nicht sehe.")

3.5 Zur Interpretation

1) Lesen Sie Frischs Darlegungen im *Tagebuch 1946–1949* über das Bildnisverbot.

Siehe Kapitel 5.1 und Roman, S. 116, 150, 407

▶ Vergleichen Sie sie mit entsprechenden Passagen im Roman und arbeiten Sie heraus, wie das *Tagebuch* das, was Liebe ausmacht, weiter gehend ausführt.

▶ Untersuchen Sie im Hinblick auf diese Darlegungen die Romanpassagen über die neu erwachende Liebe Stillers zu Julika. Woran liegt es, dass Stiller dort wenigstens ansatzweise Liebe im Sinne Frischs verspürt?

S. 68/9, 80/1, 172/3

2) Wie steht es mit der in Frischs Selbst- Lösungshilfe
interpretation (*Konfrontation mit Julika*) Siehe Kapitel
zweimal betonten Schuld Stillers? 5.3 und gan-

▶ Umreißen Sie genauer, worin Stillers zer Roman
Schuld bestehen könnte.

▶ Sammeln Sie Argumente für und gegen die
Schulderklärung Stillers.

▶ Gelangen Sie anhand einer Gerichtsver-
handlung mit Ankläger, Verteidiger, Zeu-
gen und Richter zu einem eigenen Urteil.

3) Vergleichen Sie Stillers Ausführungen Siehe Kapitel
über das „Zeitalter der Reproduktion" 2.7.1 und
mit dem Interpretationsansatz von Roman
Hans Mayer. S. 186/7.

▶ Stiller fragt nach der Beweiskraft dessen,
was er erzählt. Worin besteht sein Problem?

▶ Wie hängt dieses Problem mit der von
Mayer betonten Normierung des Lebens
zusammen?

4) Vergleichen Sie Frischs Selbstinterpre- Siehe Kapitel
tation (*Konfrontation mit Julika*) mit 2.7.2 und
dem Interpretationsansatz von Gunda Kapitel 5.3
Lusser-Mertelsmann.

▶ Worin stimmen beide überein?

▶ Worin unterscheiden sie sich?

5) **Vergleichen Sie Frischs Notizen *Zur Schriftstellerei* mit dem Interpretationsansatz von Marianne Wünsch.**

▶ Wie soll der Schriftsteller laut Frisch dem „Unsagbaren" gerecht werden?

▶ Was geschieht laut Wünsch in *Stiller* mit dem „Eigentlichen" und welche Folgen hat dies im Roman?

Lösungshilfe
Siehe Kapitel 2.7.3 und 5.2

6) **Untersuchen Sie, wie der Roman Stillers Selbstmordversuch (das „Eigentliche") fortlaufend umschreibt (durch „Uneigentliches), bevor er ihn benennt.**

▶ Was geschieht, wenn Sie die entsprechenden Stellen mit dem Wissen um ihre schließliche Bedeutung noch einmal lesen?

▶ Was ist damit gewonnen, dass Stiller das „Eigentliche" erst zum Schluss der sieben Hefte benennt?

Kapitel 2.7.3 und Roman S. 61, 68, 85, 157–171, 235–240, 355, 378–381

4. Rezeptionsgeschichte

Sowohl beim Publikum wie in der Kritik stieß *Stiller* 1954 auf große Zustimmung.

Frisch hat später den **Publikumserfolg** relativiert und betont, sein Roman habe keineswegs „einen Schlager wie z. B. *Die Blechtrommel*"[100] dargestellt.
Doch die Kritik der 1950er Jahre sieht das anders:

– Christian Ferber nennt Frischs Roman im **Februar 1955**, knapp vier Monate nach dessen Veröffentlichung, einen „der erfolgreichsten des Winters"[101].

– Hugo Bruggisser schreibt im **Mai 1955**, nur ein halbes Jahr nach dem Erscheinen des Romans:

„Stiller wird viel gelesen. Die erste Auflage ist bereits mehrmals nachgedruckt worden. Die französische Übersetzung haben die Editions Bernard Grasset in Paris übernommen."[102]

Noch eindeutiger ist das **Lob der Rezensenten**:

„Dieser Roman ist ein großes Werk, groß, weil das moderne Bewusstsein sprachlich hier seinen Ausdruck gefunden hat, weil – bei aller Rationalität – das Buch nicht im literarischen, im zeitkritischen Essay stecken bleibt, sondern wahre Dichtung ist."[103]

Franz Schonauer, *Deutsche Zeitung*, 20. 11. 1954

---

100 H. L. Arnold, S. 237.
101 W. Schmitz, Bd. 2, S. 450.
102 Ebd., S. 455.
103 Ebd., S. 398.

> *„Wo man von den Errungenschaften der modernen Erzählkunst spricht, wird man außer Proust und Joyce, außer Mann und Musil (an den bei Frisch vieles anklingt) auch den Stiller nennen müssen."*[104]

Rudolf Goldtschmit, *Stuttgarter Zeitung*, 18. 12. 1954

Im Besonderen heben die Rezensenten die folgenden **Qualitäten des Romans** hervor:

Gediegene Einheit, vielschichtige Sprache, erstaunliche Erzähltechnik:

> *„Ein wahrhaft grandioser Einfall schließt das weit verzweigte Geschehen zu einer gediegenen Einheit zusammen. (...) Und nicht zu den geringsten Verdiensten des Autors gehört die Kunst, mit der er diesen äußerst schwierigen, schwebenden Ton durchzuhalten vermag, wie heimlicher Schmerz, Humor und Spott sich vereinigen zu einem Prosakonzert, dem wir nichts Ähnliches in unserem Schrifttum zur Seite zu stellen wüssten. Ebenso erstaunlich ist, wie die Technik des modernen Romans, Rückblende, Simultanbericht (und wie die Kniffe alle heißen, die meistens nichts als Kniffe sind) hier sinnvoll, ja notwendig werden."*[105]

Emil Staiger, *Neue Zürcher Zeitung*, 17. 11. 1954

Lebensfülle, Fabulierkunst, klingende Kadenzen:

> *„Denn dadurch gerade ist dieser Roman so fesselnd, so voll echten, nicht nur scheinhaften Lebens, dass er die Probleme in Handlung, in Gestalten umsetzt, dass er, bei aller Neigung zum Reflektieren des Geschehens, von einer ungebrochenen Fabulierkunst zeugt, die heute selten geworden ist. (...) Die Dichte*

---

104 Ebd., S. 428.
105 Ebd., S. 391, 394.

*seines Themas, die souverän gegliederten, unvergesslich klin-
genden Kadenzen seiner Sätze, die verhaltene Ironie hinter allem Ernst, die Menschenkenntnis hinter jeder Beobachtung – all
das fasziniert den Leser.* "[106]

Rudolf Goldschmit, *Stuttgarter Zeitung*, 18. 12. 1954

Die Kritik vermeint aber auch **vereinzelte Mängel** auszu-
machen:

- Drei Schweizer Rezensenten stören sich an der **Schweiz-
  Kritik des Romans** und bemängeln sie als „Schlacken in
  einem bedeutenden Kunstwerk"[107], als fehlende „künstle-
  rische Konsequenz"[108] oder gar als „Bosheit"[109], die der
  Autor abzulegen habe.
- Otto Basler, ein weiterer Schweizer Rezensent, sieht den
  Roman als „ein Mosaik **ohne Kontur und Mitte**"[110], das
  „als Ganzes in immer wieder variierte Teile und Wiederholungen"[111] zerfällt und der Wahrheit entbehrt.
- Anneliese de Haas, eine deutsche Rezensentin, wirft
  Frisch vor, zu sehr „wie Freud-Junior zu **psychologisie-
  ren**, das heißt zu explizieren"[112], der Lektor habe den Roman „mit fast 600 Seiten zu dick"[113] werden lassen.
- Karl-August Horst kritisiert ebenfalls das Lektorat. Er
  weist die **„Flüchtigkeit"**[114] des Autors anhand mehrerer
  stilistischer Mängel nach und betont, solche Stellen hätten doch „dringend der Feile bedurft"[115].

---

106 Ebd., S. 426, 428.
107 Ebd., S. 390 (Werner Weber im Schweizer Radio, 16. 11. 1954).
108 Ebd., S. 410 (Claude R. Stange, *Basler Nachrichten*, 3. 12. 1954).
109 Ebd., S. 480 (Hans Trümpy, *Glarner Nachrichten*, 9. 1. 1956).
110 Ebd., S. 442 (*Neue Schweizer Rundschau*, 1954/55).
111 Ebd.
112 Ebd., S. 459 (*Darmstädter Echo*, 14. 5. 1955).
113 Ebd.
114 Ebd., S. 474 (*Merkur*, 1955).
115 Ebd.

– Kurt Ihlenfeld schließlich sieht das *Nachwort des Staatsanwalts* **„ins allzu Direkt-Erbauliche"**[116] münden und den Erzähler" vor dem Essayisten, dem Tagebuchschreiber"[117] kapitulieren.

Doch solche Kritik tut dem **Erfolg des Romans** keinen Abbruch. Während im ersten Jahr etwa dreitausend Bücher verkauft werden, sind es fünfzehn Jahre später acht- bis zehntausend.

Seit 1965 ist *Stiller* **als Taschenbuch** erhältlich.

(Nach heutigen Kriterien scheint viel Zeit zwischen der Erstveröffentlichung und der Taschenbuchausgabe vergangen zu sein. Solche Ausgaben sind aber allgemein erst in den 1960er Jahren üblich geworden, und *Stiller* war sogar einer der ersten großen Romane, die diese neue massenhafte Verbreitung erfuhren.)

Langzeitwirkung zeigt *Stiller* unter anderem **in den Romanen anderer Autoren**, die sich mehr oder weniger offen auf ihn beziehen. Jürgen H. Petersen nennt als Beispiele je zwei Romane Walter Matthias Diggelmanns und Marion Szenesseys[118]:

Bei Diggelmann wird im Roman *Verhör des Harry Wind* (1962) die Titelfigur von ihrem Betreuer dazu angehalten, ihre Erlebnisse und Einfälle aufzuschreiben, und im Roman *Aber den Kirschbaum, den gibt es* (1975) sucht der Protagonist wie Stiller eine andere als seine wirkliche Identität.

Bei Szenessey lebt im Roman *Verwandlungskünste* (1967) Jim aus Stillers/Whites Höhlenerzählung wieder auf und im Roman *Lauter falsche Pässe oder Die Erinnerungen des Roman*

---

116 Ebd., S. 477 (*Eckart-Jahrbuch* 1955).
117 Ebd., S. 478.
118 Jürgen H. Petersen, S. 106.

Skorzeney (1975) erfindet die Hauptgestalt Lebensläufe für andere Personen und für sich selbst.

Zum **Klassiker** ist *Stiller* endgültig dadurch erklärt worden, dass er 2003 als erster Nachkriegsroman die Ehre erhielt, „ins Pantheon der Manesse-Bibliothek der Weltliteratur"[119] einzutreten.

Wie bei jedem Klassiker haben sich aber auch *Stiller* gegenüber regelmäßig **kritische Stimmen** gemeldet.
– Der Basler Autor und Literaturkritiker **Dieter Fringeli** hält **1975**, über zwanzig Jahre nach der Erstveröffentlichung, fest, ihm sei „die einst so scharf konturierte Gestalt des Anatol Ludwig Stiller (...) bei der jüngsten Lektüre des Romans reichlich verschwommen"[120] vorgekommen.
– Der Literaturkritiker **Roman Bucheli** schreibt **2003**, fast vierzig Jahre nach der Erstveröffentlichung, der Roman lese sich heute so, „als hätte ihn Max Frisch auf dem Reißbrett entworfen und dabei nichts dem schöpferischen Zufall überlassen."[121] Dass es gewiss schwierig, vielleicht gar unmöglich sei, ein authentisches Leben zu führen, „dürfte zur allgemeinen Lebenserfahrung gehören und im Unterschied zu den fünfziger Jahren heute nicht mehr als ein allzu drängendes Problem aufgefasst werden."[122]

---

119 R. Bucheli, S. 72.
120 W. Schmitz, Bd. 2, S. 492 (*Basler Nachrichten*, 10. 10. 1975).
121 R. Bucheli, S. 72.
122 Ebd.

Diese Sichtweise übersieht, dass *Stiller* als echter Klassiker von jeder Generation wieder auf neue Bedeutungen hin gelesen wird. In jüngster Zeit haben **vier neue Lesarten** von sich reden gemacht:

1) Die Schweiz wird in den 1990er Jahren mit ihrer Banken- und Flüchtlingspolitik während des 2. Weltkriegs konfrontiert und muss sich eingestehen, dass sie 1945 **den Neuanfang verpasst** hat, weil sie der Aufarbeitung der Vergangenheit ausgewichen ist.

   Nach Peter von Matt setzt Frisch 1954 mit *Stiller* den historischen Moment, „wo die äußeren Riegel springen und die inneren zur Diskussion stehen", dadurch „in eine schwarze Komödie" um, dass „er in privater Verschlüsselung den **Roman von der Stunde Null der ganzen Schweiz** schreibt, den Roman einer historischen Chance, die Tragikomödie eines utopisch geladenen Moments."[123]

2) Aufgrund der postmodernen Leichtigkeit mit Identitäten zu spielen, gewinnt Frischs Frage nach dem Realitätsgehalt der Bilder, die sich die Menschen voneinander und von sich selbst machen, neue Aktualität.

   Als der deutsche Fußballtrainer Christoph Daum im Herbst 2000 anhand einer Haaranalyse des Drogenkonsums überführt wird, zitiert er aus seinem Lieblingsbuch *Stiller*: „Man kann alles erzählen, sagt Stiller, nur nicht sein wirkliches Leben." Daum teilt mit dem Romanhelden sowohl die Tragik der **Selbstüberforderung** wie diejenige des **Selbstbetrugs** und der unfreiwilligen **Selbstüberführung**.[124]

---

123 P. von Matt, S. 226.
124 Vgl. H. Leyendecker, S. 3.

3) Angesichts einer erhöhten Aufmerksamkeit gegenüber Gehirnschädigungen und entsprechenden neurologischen Erkenntnissen gewinnt das Thema **Erinnerung und Erinnerungsverlust** neue Aktualität.

In seiner Filmbesprechung von Christopher Nolans *Memento* zieht Michael Althen 2001 eine Parallele zwischen Stiller, der sein Vorleben anhand der Erzählungen anderer unfreiwillig rekonstruiert, weil er sich nicht erinnern *will*, und der Hauptfigur des Films, Leonard Shelby, der seine Geschichte mit Hilfe der Aussagen anderer und mit Polaroid-Bildern zu erfassen versucht, weil er sich aufgrund einer Amnesie nicht erinnern *kann*.[125]

4) Im Laufe der Globalisierung kommt es zu vermehrter Migration, d. h. auch immer wieder zur **Rückkehr von fremd gewordenen Menschen**, die – wie Stiller – nicht mehr so sein können bzw. wollen, wie ihre frühere Umwelt sie sieht.

Der kosovo-albanische Schriftsteller Beqë Cufaj, Autor des Romans *Kosova*, sagt nach Rückkehr aus der Emigration, der Roman *Stiller* sei ihm aufgrund des ersten Satzes, „Ich bin nicht Stiller!", wichtig geworden. „Dieser Satz traf Beqë Cufaj mitten ins Herz, denn er entsprach seinem Gefühl dort. ‚Ich bin nicht der Beqë Cufaj,' kam es ihm vor, ‚ich bin nicht der Beqë Cufaj.'"[126]

Vielleicht ist es diese Lesart von Frischs Roman, die den exil-haitianischen Filmregisseur Raoul Peck zum Wunsch einer dereinstigen **Verfilmung *Stillers*** veranlasst.[127]

---

125 Vgl. M. Althen, S. 45.
126 I. Hanika, S. BS 3.
127 Vgl. V. Weidermann, S. 27.

5. Materialien

5.1 *Du sollst dir kein Bildnis machen*

Aus: Max Frisch: *Tagebuch 1946–1949*, S. 27–29

„Es ist bemerkenswert, daß wir gerade von dem Menschen, den wir lieben, am mindesten aussagen können, wie er sei. Wir lieben ihn einfach. Eben darin besteht ja die Liebe, das Wunderbare an der Liebe, daß sie uns in der Schwebe des Lebendigen hält, in der Bereitschaft, einem Menschen zu folgen in allen seinen möglichen Entfaltungen. Wir wissen, daß jeder Mensch, wenn man ihn liebt, sich wie verwandelt fühlt, wie entfaltet, und daß auch dem Liebenden sich alles entfaltet, das Nächste, das lange Bekannte. Vieles sieht er wie zum ersten Male. Die Liebe befreit es aus jeglichem Bildnis. Das ist das Erregende, das Abenteuerliche, das eigentlich Spannende, daß wir mit den Menschen, die wir lieben, nicht fertig werden: weil wir sie lieben; solang wir sie lieben. Man höre bloß die Dichter, wenn sie lieben; sie tappen nach Vergleichen, als wären sie betrunken, sie greifen nach allen Dingen im All, nach Blumen und Tieren, nach Wolken, nach Sternen und Meeren. Warum? So wie das All, wie Gottes unerschöpfliche Geräumigkeit, schrankenlos, alles Möglichen voll, aller Geheimnisse voll, unfaßbar ist der Mensch, den man liebt –

Nur die Liebe erträgt ihn so.

Warum reisen wir?

Auch dies, damit wir Menschen begegnen, die nicht meinen, daß sie uns kennen ein für allemal; damit wir noch einmal erfahren, was uns in diesem Leben möglich sei –

Es ist ohnehin schon wenig genug.

Unsere Meinung, daß wir das andere kennen, ist das Ende der Liebe, jedesmal, aber Ursache und Wirkung liegen vielleicht

*anders, als wir anzunehmen versucht sind – nicht weil wir das
andere kennen, geht unsere Liebe zu Ende, sondern umgekehrt:
weil unsere Liebe zu Ende geht, weil ihre Kraft sich erschöpft hat,
darum ist der Mensch fertig für uns. Er muß es sein. Wir können
nicht mehr! Wir künden ihm die Bereitschaft, auf weitere Ver-
wandlungen einzugehen. Wir verweigern ihm den Anspruch alles
Lebendigen, das unfaßbar bleibt, und zugleich sind wir verwundert
und enttäuscht, daß unser Verhältnis nicht mehr lebendig sei.*
*«Du bist nicht», sagt der Enttäuschte oder die Enttäuschte:
«wofür ich dich gehalten habe.»*
Und wofür hat man sich denn gehalten?
*Für ein Geheimnis, das der Mensch ja immerhin ist, ein erregen-
des Rätsel, das auszuhalten wir müde geworden sind.*
Man macht sich ein Bildnis. Das ist das Lieblose, der Verrat.

*Man hat darauf hingewiesen, das Wunder jeder Prophetie erkläre
sich teilweise schon daraus, daß das Künftige, wie es in den Wor-
ten eines Propheten erahnt scheint und als Bildnis entworfen wird,
am Ende durch eben dieses Bildnis verursacht, vorbereitet, ermög-
licht oder mindestens befördert worden ist –*
Unfug der Kartenleserei.
Urteile über unsere Handschrift.
Orakel bei den alten Griechen.
*Wenn wir es so sehen, entkleiden wir die Prophetie wirklich ihres
Wunders? Es bleibt noch immer das Wunder des Wortes, das
Geschichte macht:*
« Im Anfang war das Wort.»

*Kassandra, die Ahnungsvolle, die scheinbar Warnende und nutzlos
Warnende, ist sie immer ganz unschuldig an dem Unheil, das sie
vorausklagt?*

Dessen Bildnis sie entwirft.
Irgendeine fixe Meinung unsrer Freunde, unsrer Eltern, unsrer Er-
zieher, auch sie lastet auf manchem wie ein altes Orakel. Ein
halbes Leben steht unter der heimlichen Frage: Erfüllt es sich oder
erfüllt es sich nicht. Mindestens die Frage ist uns auf die Stirne
gebrannt, und man wird ein Orakel nicht los, bis man es zur
Erfüllung bringt. Dabei muß es sich durchaus nicht im geraden
Sinn erfüllen; auch im Widerspruch zeigt sich der Einfluß, darin,
daß man so nicht sein will, wie der andere uns einschätzt. Man
wird das Gegenteil, aber man wird es durch den andern.
Eine Lehrerin sagte einmal zu meiner Mutter, niemals in ihrem
Leben werde sie stricken lernen. Meine Mutter erzählte uns jenen
Ausspruch sehr oft; sie hat ihn nie vergessen, nie verziehen; sie ist
eine leidenschaftliche und ungewöhnliche Strickerin geworden, und
alle die Strümpfe und Mützen, die Handschuhe, die Pullover, die
ich jemals bekommen habe, am Ende verdanke ich sie allein jenem
ärgerlichen Orakel! …
In gewißem Grad sind wir wirklich das Wesen, das die andern in
uns hineinsehen, Freunde wie Feinde. Und umgekehrt! auch wir
sind die Verfasser der andern; wir sind auf eine heimliche und
unentrinnbare Weise verantwortlich für das Gesicht, das sie uns
zeigen, verantwortlich nicht für ihre Anlage, aber für die Aus-
schöpfung dieser Anlage. Wir sind es, die dem Freunde, dessen
Erstarrtsein uns bemüht, im Wege stehen, und zwar dadurch, daß
unsere Meinung, er sei erstarrt, ein weiteres Glied in jener Kette
ist, die ihn fesselt und langsam erwürgt. Wir wünschen ihm, daß
er sich wandle, o ja, wir wünschen es ganzen Völkern! Aber da-
rum sind wir noch lange nicht bereit, unsere Vorstellung von ihnen
aufzugeben. Wir selber sind die letzten, die sie verwandeln. Wir
halten uns für den Spiegel und ahnen nur selten, wie sehr der
andere seinerseits eben der Spiegel unsres erstarrten Menschenbil-
des ist, unser Erzeugnis, unser Opfer –."

5.2 *Zur Schriftstellerei*

Aus Max Frisch: *Tagebuch 1946–1949*, S. 36

„Was wichtig ist: das Unsagbare, das Weiße zwischen den Worten, und immer reden diese Worte von den Nebensachen, die wir eigentlich nicht meinen. Unser Anliegen, das eigentliche, läßt sich bestenfalls umschreiben, und das heißt ganz wörtlich: man schreibt darum herum. Man umstellt es. Man gibt Aussagen, die nie unser eigentliches Erlebnis enthalten, das unsagbar bleibt; sie können es nur umgrenzen, möglichst nahe und genau, und das Eigentliche, das Unsagbare, erscheint bestenfalls als Spannung zwischen diesen Aussagen.

Unser Streben geht vermutlich dahin, alles auszusprechen, was sagbar ist; die Sprache ist wie ein Meißel, der alles weghaut, was nicht Geheimnis ist, und alles Sagen bedeutet ein Entfernen. Es dürfte uns insofern nicht erschrecken, daß alles, was einmal zum Wort wird, einer gewißen Leere anheimfällt. Man sagt, was nicht das Leben ist. Man sagt es um des Lebens willen. Wie der Bildhauer, wenn er den Meißel führt, arbeitet die Sprache, indem sie die Leere, das Sagbare, vortreibt gegen das Geheimnis, gegen das Lebendige. Immer besteht die Gefahr, daß man das Geheimnis zerschlägt, und ebenso die andere Gefahr, daß man vorzeitig aufhört, daß man es einen Klumpen sein läßt, daß man das Geheimnis nicht stellt, nicht faßt, nicht befreit von allem, was immer noch sagbar wäre, kurzum, daß man nicht vordringt zu seiner letzten Oberfläche.

Diese Oberfläche alles letztlich Sagbaren, die eins sein müßte mit der Oberfläche des Geheimnisses, diese stofflose Oberfläche, die es nur für den Geist gibt und nicht in der Natur, wo es auch keine Linie gibt zwischen Berg und Himmel, vielleicht ist es das, was man die Form nennt?

Eine Art von tönender Grenze –. "

5.3 Max Frisch: *Konfrontation mit Julika. Aus dem Roman «Stiller, Aufzeichnungen im Gefängnis»*

In: W. Schmitz (Hg.): *Materialien zu Max Frisch „Stiller", S. 35–36*

„Unstimmigkeit unserer Existenz durch irgendeine Art von Selbstüberforderung, die zur Selbstentfremdung führt und schließlich zur Sterilität, weil es uns nicht gelingt, uns selbst anzunehmen – das ist, psychologisch gesprochen, das Problem.

Stiller, ein Mann, der plötzlich, von eben dieser Unstimmigkeit seiner Existenz entsetzt, vor sich selbst aus allem geflohen ist: aus Ehe, Freundschaft und Heimat – kommt zurück, gezwungen von der Erfahrung, daß wir nur dieses eine Leben oder überhaupt keines haben, also uns nicht entfliehen können. Als Fremder, unter fremdem Namen, passiert er die schweizerische Grenze und wird verhaftet. Damit beginnt der Roman. Und dann folgen, als Aufzeichnungen im Gefängnis, zu einem wechselreichen und vielfach schillernden Teppich verwoben: die Wiederbegegnung mit allem, was er hinter sich gelassen hat, Erinnerungen an das, was er in der Zeit seiner Verschollenheit erlebt hat, oft durch Witz und Fabuliererei verbrämt und getarnt; erneute Wehr gegen die Identität mit sich selbst, gegen das tote Bildnis, das ihn erwartet, und das unvermeidliche Verwachsen mit dem alten Leben, das ein Versagen war, und endlich die letzte wilde Auflehnung, die hilflose Not, daß er niemand von seinem wirklichen Selbst zu überzeugen vermag. Zu guter Letzt, nach seinem Freispruch, finden wir Stiller am Genfer See, verstummt, frei von dem Drang, überzeugen zu wollen. Er erlebt den Tod der Frau, die in der Zeit zu lieben er versäumt hat, und damit die Schuld, die seine Wirklichkeit ausmacht. Darüber berichtet der Staatsanwalt, der sein Freund geworden ist.

Die Linie, die in früheren Arbeiten wie ‚Santa Cruz', ‚Nun singen sie wieder' und ‚Graf Oederland', dann auch in der kleinen Erzählung ‚Bin oder Die Reise nach Peking' begonnen worden ist, wird weitergeführt; Simultaneität von gewesenen Leben und ersehnten Leben, Dialektik zwischen Tat und Traum, die zusammen erst die Realität eines Menschen ergeben, bestimmen die Komposition dieses Romans. (Der Schreiber kreist sich unwillkürlich selber ein, indem er den Geschichten um den Verschollenen, die er protokolliert, keine eigene und andere entgegenzusetzen hat.)

Der Verfasser geht einen Schritt weiter als bisher: auf ‚Graf Oederland', die Figur des Zerstörers (ein psychisches Phänomen, das seinerzeit als Politikum mißdeutet wurde), folgt Stiller, der seine Realität, eben seine Schuld, auf sich zu nehmen sucht, mühsam genug, im Sinne Kierkegaards: «– Sieh, darum ist es so schwer, sich selbst zu wählen, weil in dieser Wahl die absolute Isolation mit der tiefsten Kontinuität identisch ist, weil durch sie jede Möglichkeit, etwas anderes zu werden, vielmehr sich in etwas anderes umzudichten, unbedingt ausgeschlossen ist.»"

1954

Literatur

Primärliteratur

Haupttext

Max Frisch: *Stiller*. Roman. Frankfurt a. M.: Suhrkamp, 1973 (= suhrkamp taschenbuch 105)
(Nach dieser Ausgabe wird zitiert mit der Angabe der Seitenzahl in Klammern direkt nach dem Zitat.)

Max Frisch: *Stiller*. Roman. Nachwort von Peter von Matt. Zürich: Manesse, 2003 (= Manesse Bibliothek der Weltliteratur)
(Bibliophile, alterungsbeständige Ausgabe.)

Weitere Texte Frischs

Max Frisch: *Tagebuch 1946–1949*. Frankfurt a. M.: Suhrkamp, 1985 (= suhrkamp taschenbuch 1148)

Max Frisch: *Gesammelte Werke in zeitlicher Folge*. Hrsg. von Hans Mayer unter Mitwirkung von Walter Schmitz. 6 Bde. (Textidentisch mit der Werkausgabe edition suhrkamp in 12 Bänden), Frankfurt a. M.: Suhrkamp, 1976
(Nach der Taschenbuchausgabe werden kleinere, nicht selbstständig veröffentlichte Texte zitiert. Verweise werden folgendermaßen abgekürzt: GW, Bandnummer in röm. Ziffer, Halbbandnummer in arab. Ziffer, Seitenzahl.)

Max Frisch: *Gesammelte Werke in zeitlicher Folge. Jubiläumsausgabe in sieben Bänden. 1931–1985*. Hrsg. von Hans Mayer unter Mitwirkung von Walter Schmitz. Frankfurt a. M.: Suhrkamp, 1986 (= suhrkamp taschenbuch 1401–1407)
(Mit Bibliografie der Veröffentlichungen Frischs sowie der Übersetzungen in Bd. VII.)

Sekundärliteratur
Lernhilfen und Kommentare für Schüler

Heidenreich, Sybille: *Max Frisch. Mein Name sei Gantenbein. Montauk. Stiller. Untersuchungen und Anmerkungen.* Hollfeld/Ofr.: Joachim Beyer, 1976 (= Analysen und Reflexionen Bd. 15)
(Zeittafel, Angaben zu Entstehung, Inhalt, Aufbau und Interpretation.)

Hermes, Eberhard: *Lektürehilfen Max Frisch „Stiller".* Stuttgart, Dresden: Klett, 1994 (= Klett Lektürehilfen)
(Umfassende Analyse und Interpretation mit Bildmaterial und Wort- und Sacherklärungen.)

Jurgensen, Manfred: *Materialien Max Frisch „Stiller".* Stuttgart: Klett, 1982 (= Editionen für den Literaturunterricht)
(Textauszüge aus dem Gesamtwerk Frischs und aus der Literaturkritik, mit Zeittafel und Auswahlbibliografie.)

Müller-Salget, Klaus: *Literaturwissen für Schule und Studium. Max Frisch.* Stuttgart: Reclam, 1996 (= Universal-Bibliothek Nr. 15210)
(Ausführliche Zeittafel, umfassende Informationen zu Autor und Gesamtwerk mit 10 Fotos, sorgfältige Einzelinterpretationen, jene zu „Stiller" S. 69–88.)

Petersen, Jürgen H.: *Max Frisch: Stiller.* Frankfurt a. M.: Diesterweg, 1994 (= Grundlagen und Gedanken zum Verständnis erzählender Literatur)
(Informationen zu den literatur-, sozial- und zeitgeschichtlichen Hintergründen, ausführlicher Wort- und Sachkommentar, gründliche Ausführungen zu Textanalyse, Interpretation, Rezeption und Wirkung, umfassendes Literaturverzeichnis.)

Poser, Therese: *Max Frisch Stiller.* München: R. Oldenbourg, 1988 (= Oldenbourg Interpretationen Bd. 14)
(Sorgfältige Interpretation von Gehalt und Form, mit Ratschlä-

gen und Materialien für den Unterricht, Literaturverzeichnis, Zeittafel.)

Volke, Joachim: *Stiller Max Frisch. Inhalt. Hintergrund. Interpretation.* München: Mentor, 1998 (= mentor 336)
(Knapp gehaltene Informationen, Schaubild und Aufgaben mit Lösungstipps.)

Verwendete Sekundärliteratur zu Frisch

Bircher, Urs: *Vom langsamen Wachsen eines Zorns. Max Frisch 1911–1955.* Unter Mitarbeit von Kathrin Straub. Zürich: Limmat, 1997
(Jüngste und bisher umfassendste Darstellung von Frischs Werdegang bis zur Veröffentlichung „Stillers".)

Braun, Karlheinz: *Max Frischs „Stiller": Sprache und Stil – Zwei Beispielanalysen,* in: Walter Schmitz (Hrsg.): Materialien zu Max Frisch *Stiller.* Erster Band. Frankfurt a. M.: Suhrkamp, 1978 (= suhrkamp taschenbuch 419), S. 39–51
(Verweis auf K. Braun (1).)

Braun, Karlheinz: *Der Erzähler in Max Frischs „Stiller",* in: Walter Schmitz (Hrsg.): Materialien zu Max Frisch *Stiller.* Erster Band. Frankfurt a. M.: Suhrkamp, 1978 (= suhrkamp taschenbuch 419), S. 83–94
(Verweis auf K. Braun (2).)

Braun, Karlheinz: *Die Tagebuchform in Max Frischs „Stiller",* in: Walter Schmitz (Hrsg.): Materialien zu Max Frisch *Stiller.* Erster Band. Frankfurt a. M.: Suhrkamp, 1978 (= suhrkamp taschenbuch 419), S. 95–102
(Verweis auf K. Braun (3).)

Braun, Karlheinz: *Die vertikale und horizontale Gliederung der Geschichte in Max Frischs Roman „Stiller",* in: Walter Schmitz (Hrsg.): Materialien zu Max Frisch *Stiller.* Erster

Band. Frankfurt a. M.: Suhrkamp, 1978 (= suhrkamp taschenbuch 419), S. 135–139
(Verweis auf K. Braun (4).)

Gontrum, Peter: *Die Sage von Rip van Winkle in Max Frischs „Stiller",* in: Walter Schmitz (Hrsg.): Materialien zu Max Frisch *Stiller.* Erster Band. Frankfurt a. M.: Suhrkamp, 1978 (= suhrkamp taschenbuch 419), S. 158–165

Grimm, Christa: *Max Frisch,* in: Geschichte der deutschsprachigen Schweizer Literatur im 20. Jahrhundert. Von einem Autorenkollektiv unter d. Leitung v. Klaus Pezold. Berlin: Volk und Wissen, 1991, S. 125–145

Heissenbüttel, Helmut: *Max Frisch oder Die Kunst des Schreibens in dieser Zeit,* in: Thomas Beckermann (Hrsg.): Über Max Frisch. Frankfurt a. M.: Suhrkamp, 1971 (= edition suhrkamp 404), S. 54–68

Kieser, Rolf: *Das Tagebuch als äussere Struktur: „Stiller",* in: Walter Schmitz (Hrsg.): Materialien zu Max Frisch *Stiller.* Erster Band. Frankfurt a. M.: Suhrkamp, 1978 (= suhrkamp taschenbuch 419), S. 126–132

Lusser-Mertelsmann, Gunda: *Selbstflucht und Selbstsuche. Das ‚Psychoanalytische' in Frischs „Stiller",* in: Walter Schmitz (Hrsg.): Materialien zu Max Frisch *Stiller.* Zweiter Band. Frankfurt a. M.: Suhrkamp, 1978 (= suhrkamp taschenbuch 419), S. 594–616

Mayer, Hans: *Anmerkungen zu „Stiller",* in: Walter Schmitz (Hrsg.): Materialien zu Max Frisch *Stiller.* Erster Band. Frankfurt a. M.: Suhrkamp, 1978 (= suhrkamp taschenbuch 419), S. 238–255

Naumann, Helmut: *Der Fall Stiller. Antwort auf eine Herausforderung. Zu Max Frischs „Stiller".* Rheinfelden: Schäuble, 1978 (= Deutsche und Vergleichende Literaturwissenschaft Nr. 2)

(Materialreiche, ergiebige Untersuchung zu den Wurzeln, zur Entstehung und zur Interpretation des Romans.)

Schmitz, Walter (Hrsg.): *Materialien zu Max Frisch „Stiller".* 2 Bde. Frankfurt a. M.: Suhrkamp, 1978 (= suhrkamp taschenbuch 419)
(Die umfassendste und wertvollste Materialiensammlung zu „Stiller". Informationen zur Entstehung, zur Interpretation, zur Rezeption und Wirkung und Unterrichtsvorschläge.)

Schmitz, Walter: *Zur Entstehung von Max Frischs Roman „Stiller",* in: Walter Schmitz (Hrsg.): Materialien zu Max Frisch *Stiller.* Erster Band. Frankfurt a. M.: Suhrkamp, 1978 (= suhrkamp taschenbuch 419), S. 29–34

Steinmetz, Horst: *Roman als Tagebuch: „Stiller",* in: Walter Schmitz (Hrsg.): Materialien zu Max Frisch *Stiller.* Erster Band. Frankfurt a. M.: Suhrkamp, 1978 (= suhrkamp taschenbuch 419), S. 102–126

Matt, Peter von: *Die Mythen des Mythenbekämpfers Max Frisch,* in: ders.: Die tintenblauen Eidgenossen. Über die literarische und politische Schweiz. München, Wien: Hanser, 2001, S. 225–240

Wünsch, Marianne: *„Stiller": Versuch einer strukturalen Lektüre,* in: Walter Schmitz (Hrsg.): Materialien zu Max Frisch *Stiller.* Zweiter Band. Frankfurt a. M.: Suhrkamp, 1978 (= suhrkamp taschenbuch 419), S. 541–593

Verwendete Zeitungsartikel zur Nachwirkung

Althen, Michael: *Alzheimers Wahn. Christopher Nolans unvergesslicher Kinothriller „Memento" erzählt seine Geschichte gegen den Uhrzeigersinn,* in: Frankfurter Allgemeine Zeitung, 13. 12. 2001, S. 45

Bucheli, Roman: *Max Frisch zieht ins Pantheon. „Stiller" erscheint in der Manesse-Bibliothek der Weltliteratur,* in: Neue Zürcher Zeitung, 8. 3. 2003, S. 72

Hanika, Iris: *Wenn die Freiheit kommt, das ist schön. Der kosovoalbanische Schriftsteller Beqë Cufaj,* in: Frankfurter Allgemeine Zeitung, 8. 8. 2000, S. BS3

Köhler, Andrea: *Der Herr meines Namens ist verreist. „Man will sich selber ein Fremder sein": Max Frisch und sein Lebensprojekt,* in: Neue Zürcher Zeitung, 31. 3. 2001, S. 83

Leyendecker, Hans: *Krank nach Anerkennung. Christoph Daums Fall: „Wie ein Sturzflug vom Mount Everest, vom Empire State Building",* in: Süddeutsche Zeitung, 23. 10. 2000, S. 3

Weidermann, Volker: *Haiti im Herzen, Fassbinder im Kopf. „Das ist unsere Geschichte, und wir müssen sie gemeinsam lösen" – Raoul Peck über Mitläufertum, Widerstand und die Erinnerung an eine Diktatur,* in: TAZ-Berlin, 16. 6. 1994, S. 27

Verwendete Literatur zum Umfeld

Brecht, Bertolt: *Geschichten vom Herrn Keuner.* Frankfurt a. M.: Suhrkamp, 1973 (= suhrkamp taschenbuch 16)

Brecht, Bertolt: *Kleines Organon für das Theater,* in: ders.: Über Politik auf dem Theater. Hrsg. von Werner Hecht. Frankfurt a. M.: Suhrkamp, 1971 (= edition suhrkamp 465), S. 50–82

Jost, Hans Ulrich: *Politik und Wirtschaft im Krieg. Die Schweiz 1938–1948.* Zürich: Chronos, 1998

Kierkegaard, Sören: *Entweder-oder. Zweiter Teil. Zwei erbauliche Reden. 16. V. 1843.* Übers. von Emanuel Hirsch. Düsseldorf: Diederichs, 1957

Kreis, Georg: *Die Schweiz im Zweiten Weltkrieg. Ihre Antworten auf die Herausforderungen der Zeit.* Zürich: Pro Helvetia, 1999

Lengborn, Thorbjörn: *Schriftsteller und Gesellschaft in der Schweiz. Eine Studie zur Behandlung der Gesellschaftsproble-*

matik bei Zollinger, Frisch und Dürrenmatt. Diss. Stockholm. Frankfurt a. M.: Athenäum, 1972

Mittenzwei, Werner: *Exil in der Schweiz.* Lepizig: Reclam, 1981 (= Kunst und Literatur im antifaschistischen Exil 1933–1945 in sieben Bänden. Bd. 2)

Pulver, Elsbeth: *Die deutschsprachige Literatur der Schweiz seit 1945,* in: Kindlers Literaturgeschichte der Gegenwart. Autoren – Werke – Themen – Tendenzen seit 1945. Die zeitgenössischen Literaturen der Schweiz. Hrsg. von Manfred Gsteiger. Zürich, München: Kindler, 1974, S. 141–406

Materialien aus dem Internet

http://www.dieterwunderlich.de/Frisch_Stiller.htm
(Inhaltsangabe und Kommentar)

http://www.sandammeer.at/rezensionen/frisch-stiller.htm
(Kurzinterpretation)

http://www.ub.fu-berlin.de/internetquellen/fachinformation/
germanistik/autoren/multi_fgh/frisch.html
(Links zu Max Frisch)

Bitte melden Sie dem Verlag „tote" Links!